영적전투

(주)죠이북스는 그리스도를 대신한 사신으로
문서를 통한 지상 명령 성취와 하나님 나라 확장을 위해 노력합니다.

SPIRITUAL WARFARE

Victory over the Powers
of This Dark World

Timothy M. Warner

CROSSWAY BOOKS • WHEATON, ILLINOIS
A DIVISION OF GOOD NEWS PUBLISHERS

차례

한국어판 저자 서문

　　이 책을 한국어로 번역한다고 생각하니 너무나도 하나님을 찬양하고 싶다. 한국에서 교회가 급속히 성장하고 그에 따라 한국이 선교사 파송 기지로서 성장했기 때문에, 사역을 방해하려는 사단의 궤계가 확실히 더욱 증가할 것이다. 따라서 한국 교회는 "믿음을 굳게 하여"(베드로전서 5:9) 그러한 공격에 대비할 준비를 갖추어야 할 것이다. 만일 이 책이 그러한 목적을 깨닫는 데 조금이라도 기여한다면, 나는 하나님께 영원히 감사할 것이다.

　　이 책이 출판되도록 수고한 번역자와 편집자, 그리고 죠이선교회에 감사를 드린다. 또 번역 출판을 착안하고 연결시켜 주신 이태웅 박사에게도 감사를 드린다. 이 책을 읽고 자신의 삶과 사역에서 영적 전투의 진리를 확립한 사람들을 통해, 하나님께서 영광 받으시며 또 한국 교회가 보다 준비되어 선교명령을 완수하기를 기원한다.

티모시 워너

역자 서문

그리스도인을 보통 예수 그리스도의 군사라고 말한다(디모데후서 2:3). 워너 박사의 말대로, 우리가 원하든 원하지 않든 그리스도인들은 영적 전투 가운데 있는 군사이며, 이 전투는 피할래야 피할 수 없는 것이다. 그러나 이런 영적 전투를 치러야 할 우리에게 성경적 전투교범의 역할을 해줄 만한 책은 그리 많지 않다.

이 책은 영적 전투에 대한 성경신학적 관점을 확고히 하고 있다. 워너 박사는 시종일관 놀라운 통찰력으로 성경적 토대 위에 영적 전투에 관한 이론을 세우고 있으며, 그 이론을 구체적인 경험을 통해서 입증하고 있다. 그는 영적 전투의 경험들을 성경적 이론의 체계 안에 정리해 줄 뿐 아니라, 이 경험을 어떻게 성경적으로 처리해야 하는지 보여준다. 그의 말대로 그의 시각은 좌로나 우로나 치우쳐 있지 않다.

이러한 훌륭한 책을 번역할 수 있게 된 것에 대하여 매우 감사한다. 더구나 한국해외선교회(Global Missionary Fellowship)의 초청으로 1993년 10월에 우리나라에서 있었던 워너 박사의 세미나를 앞두고 이 책을 번역하여 매우 뜻 깊다. 이 책을 번역할 수 있도록 연결해 주신 이태웅 박사님과 죠이선교회에 감사한다. 그리고 이 책을 번역하는 동안 여러 가지 어려움을 견디고 내조해 준 아내에게도 감사한다.

나는 이 책을 읽는 독자들도 영적 전투가 궁극적으로 세계 복음화와 직결된다는 것을 깊이 공감하게 될 것이라고 생각한다. 그리고 하나님의 영광과 하나님 나라의 확장을 위해서 더욱 좋은 군사가 될 것으로 확신한다.

안점식

머리말

이 책은 1988년 10월에 풀러 신학교에서 한 교회성장학 강의로부터 시작되었다. 이러한 생각들을 책으로 남기도록 격려해 주신 풀러 신학교 세계선교학부 교수진의 권유에 깊은 감사를 드린다.

이 책은 원래의 강의 내용을 여러 차례 개정하고 보강하였다. 따라서 보다 많은 예화가 첨가되었으며, 몇 가지 새로운 착상도 포함했다. 이 주제에 대한 연구와 사역을 계속 해오면서 내 생각의 폭이 더욱 넓어져 가고 있는 것을 발견한다. 나를 이 주제에 대한 전문가로 생각하지 않았으면 한다. 그러나 오늘날 많은 사람들이 이 중대한 문제를 놓고 벌이는 광범위한 토론의 장(場)에 이 책의 내용을 기쁜 마음으로 내놓으려고 한다.

이 책을 쓸 수 있도록 격려해 주신 많은 분에게 감사를 드리며, 또 책이 출판되기까지 열심히 원고를 검토하고 도와준 출판사에게도 감사를 드린다. 나는 우리의 적에 대한 주님의 최종적인 승리와 또 주님 안에서 모든 그리스도인이 지상명령을 완수할 능력이 충분하다는 것을 확신하며, 교회가 무장하도록 돕는 일에 하나님이 이 책을 사용하시리라 믿는다.

1

하나님의 영광

영적 싸움에 관한 오늘날의 몇 가지 관점

우리는 분명히 과거 어느 때보다 귀신의 활동이 많은 시대에 살고 있다. 이 말은 사단이나 귀신이 역사의 초기에는 활동적이지 않았다는 뜻이 아니다. 그들은 역사적 상황에 따라서 전술을 구사하는 데, 초기의 역사에서는 암암리에 활동하는 것이 그들의 목적을 수행하는 데 더욱 효과적이었다. 그들은 여전히 대부분의 경우 드러나지 않게 일한다. 그러나 여러 가지 이유로 오늘날 그들의 활동이 그 어느 시대보다도 훨씬 더 분명하게 드러나고 있다. 이 때문에 많은 그리스도인들이 이른바 영적 전투에 대하여 그전보다 훨씬 많이 인식하고 있다.

이 주제는 성경에 항상 나타나 있는 것이다. 그러나 우리의 잘못된 신앙체계 때문에 우리는 다른 사람들이 명백히 보는 것을 무시해 왔다. 자기 문화 속에서만 살고 있는 사람들보다는 선교사들이 훨씬 쉽게 귀신들을 실재적인 존재로 간주한다. 그러나 선교사들도 성경에 대한 자신들의 시각이 얼마나 "피상적"이었는지를 나중에 깨닫고는 놀라움을 금치 못한다. 다음에 나오는 선교사 보고는 다소 극단적일지 모르지만, 많은 선교사들이 이와 비슷한 경험을 갖고 있다.

그의 눈은 생기가 없었고, 옷은 다 해어졌으며, 머리는 헝클어져 있었다. 그리고 그는 혈안이 된 듯했다. "나는 이 짐승을 죽여 버릴 거야!" 그는 이 말을 세 번 반복했다. 나는 그가 나에 대해서 말하고 있는 줄로 생각했다. 그 집의 안주인은 우리 모두에게 약간 진한 커피를 내왔으나 그는 그것을 원하지 않았다. 갑자기 그는 식탁의 접시들을 후려치면서 바닥으로 나가 떨어졌다. 우리가 그를 집 밖으로 끌어낼 때 그는 나를 올려다보면서 말했다. "나를 불쌍히 여겨주세요." 그때서야 나는 그의 문제가 무엇인지 알게 되었다. 그는 귀신이 들려 있었다. 이러한 현상은 그가 복음주의 교회를 떠나 강신술로 돌아선 후에 시작되었다.

나는 예수님의 말씀을 기억해냈다. "보라, 내가 너희에게 원수의 모든 능력을 제어할 권세를 주었으니 너희를 해할 자가 결단코 없으리라." 나는 예수님의 이름으로 귀신을 꾸짖어야 한다고 느꼈다. 그러나 아무런 일도 일어나지 않는다면 어떻게 하나? 주위에 모여든 사람들이 나를 비웃을 텐데…….

선교사로서 브라질 오지에서 실패한 나는 짐을 싸고 본국으로 돌아갈 준비를 했다. 적과 정면으로 대면했을 때 나는 두려웠다.[1]

많은 선교사들이 귀신의 능력을 대면한 경험이 있다. 그러나 그들은 대개 그러한 경험을 말하지 않는다. 왜냐하면 이러한 이야기가 승리로 끝맺지 못했거나, 혹은 듣는 사람이 이러한 이야기를 이해할 수 없을 것이라고 생각하기 때문이다. 그리스도인의 삶은 영적 전투의 과정이라는 것을 대부분의 그리스도인들이 알고 있으며, 최전방인 선교의 일선에서는 이 사실을 피부로 실감하게 된다. 그런데 불행하게도 귀신이나 그 능력을 대결하는 것에 대해 신학교육이나 실제적인 훈련을 받은 사람은 거의 없으며, 심지어 최근에 교육받은 선교 초년생들도 마찬가지다.

나는 기독교 가정에서 자라고 복음주의적인 성경학교를 다녔으며, 귀납적 성경공부를 전문으로 하는 신학교에서 3년간 공부했다. 그러고 나서 서부아프리카에 선교사로 가기 전까지 2년 동안 그 성경학교에서 가르쳤다. 나는 전도와 교회개척을 하도록 한 부족 마을에 배치되었는데, 선교지로 떠나기 전 신학교나 선교사 훈련학교에서도, 또 선교지에 도착한 후 동료 선교사로부터도 타문화권에서의 사역에 대한 어떠한 예비 교육도 받지 못한 상태였다. 그 당시에는 선교학 관련 강좌가 거의 없었는데, 그나마 내가 기억하는 두 개의 강좌도 실제로 선교사역에 뛰어들었을 때 거의 도움이 되지 못했고 귀신들을 다루는 데는 전혀 도움이 되지 않았다. 나는 나 자신이 일반적으로 문화에 대해서, 특별히 정령숭배적인 사고체계에 대해서 무지하다는 것에 소스라치게 놀랐다. 그리고 나는 귀신의 능력에 직면했을 때 그리스도인이 어떤 태도를 취할 것인지에 대해서도 참으로 무지했었다.

우리 모두가 연관되어 있는 이 영적 전투라는 주제에 대해서 아주 최근까지도 읽을 만한 책이 부족했고, 특별히 선교사나 전도적 상황에 관련된 책은 더욱 적었다. 이것이 바로 이 주제에 관한 훈련이 부족하게 된 이유 중의 하나다. 알랜 티펫(Alan R. Tippett)이 1960년에 쓴 논문에서 지적한 대로 우리는 이미 좋은 교과서가 나와 있는 과목만 가르치는 경향이 있다.[2] 영적 전투에 대한 신뢰할 만한 저서들이 나왔다는 것은 이 주제를 다루는 대학이나 신학교 강좌가 어느 정도 확산되어 가고 있다는 것을 설명해 준다.

그러나 사실 사단은 에덴 동산에서 최초로 대결한 이래로 전혀 변하지 않았다. 영적 전투는 그 이후로 인간이 피할 수 없는 한 부분이 되었다. 창세기 3장 15절은 성경의 나머지 모든 부분을 비추어 볼 수 있는 배경이 된다. "내가 너로 여자와 원수가 되게 하고 너의 후손도 여자의 후손과 원수가 되게 하리니 여자의 후손은 네 머리를 상하게 할 것이요 너는 그의 발꿈치를 상하게 할 것이니라." 영적 전투는 그때 이후로 성경의 곳곳에 기록되어 있으며, 오늘날 우리는 원하든 원하지 않든 간에 이 전투에 개입되어 있다. 우리는 적을 무시하려고 노력해 왔다. 그러나 그것은 이 지속되는 전투에서 단지 적을 전략적으로 유리하게 할 따름이다.

그러나 이 전투의 결과는 이미 정해져 있다는 것을 첫머리에서 명백히 해두도록 하자. 하나님의 주권적 능력은 어떤 경우에도 조금도 위험에 처하지 않는다. 십자가와 부활을 통해서 주 예수 그리스도께서는 우리의 적을 패배시키셨다. 그러나 하나님은 선하신 뜻에 따라 적에 대한 최후의 심판을 아직 유보하고 계신다. 그러나 이 전쟁에는 하나님의 영광이라는 큰 문제가 걸려 있기 때문에 지금은 우리가 신중하게 적을 상대해야 할 때다. 사람들은 종종 영적 전투를 오해한다. 우리는 삶에 있어서 귀신의 활동을 너무 추상적으로 생각하여 몇몇 특별한 사람들에게만 나타난다고 생각한다. 그러나 사실 영적 전투는 우리가 태어나는 바로 그 순간부터 시작된다. 사단은 지구에 살고 있는 모든 사람의 운명을 지배하려는 불타는 욕망을 가지고 있다. 사단은 믿지 않는 자들의 마음을 혼미케 하여 "그리스도의 영광의 복음의 광채가 비춰지 못하게"(고린도후서 4:4) 하려는 자다.

어떤 사람이 사단이 지배하는 왕국으로부터 돌아서서 예수 그리스도의 주권 아래에서 삶을 시작할 때 영적 전투는 특별한 의미를 갖게 된다. 회심하기 전의 영적 전투는 구원에 관한 진리의 문제다. 회심 이후에도 전투의 본질은 여전히 진리의 문제지만, 그러나 그 초점이 하나님과 우리 자신에 관한 것으로 바뀐다.

사단이 가장 잘 사용하는 전술은 속임수 혹은 교활한 거짓말이다. 그리고 우리가 사단의 어떤 거짓말을 믿고서 속임수에 빠지는 만큼 우리 삶에서 사단이나 귀신들의 지배를 받게 된다.

귀신이 그리스도인의 몸 안에 있을 수 있는가, 그리고 믿는 자가 귀신들릴 수 있는가 하는 논쟁은 보다 근본적인 문제인 하나님에 대한, 그리고 하나님과 우리와의 관계에 대한 믿음의 영역에서 속임을 당하지 않도록 하기보다는 우리의 관심을 다른 데로 돌리게 할 따름이다. 닐 앤더슨(Neil Anderson)의 이른바 이 "진리 대결"[3]을 인식하지 못하는 것은, 곧 그 사람의 인생을 끌고 가는 속임수에 계속해서 속박되는 것을 의미한다.

　　이 글을 쓰면서 나는, 자신이 두 가지 수준의 신앙을 가지고 있음을 최근에 발견한 한 여인을 대상으로 연구하고 있다. 하나는 지적인 수준이다. 이 수준에서 그녀는 정확한 기독교 교리를 말할 수 있다. 하지만 그녀가 이렇게 말로서 표현하는 것과는 전혀 다른 기능적 수준의 믿음이 있다. 이 수준에서 그녀는 하나님에 대하여 매우 화가 나 있었다. 그리고 그녀는 자신에 대해 매우 부정적인 자아상을 가지고 있었다.

　　우리는 나중에 이 주제를 다시 다룰 것이다. 그러나 지금 우리는 다음과 같은 의문을 제기할 수 있다. 귀신이 이러한 속임수를 쓰고 있다는 것을 어떻게 아는가? 이것은 단순히 육신적인 차원의 문제가 아니라는 것을 어떻게 아는가? 우리는 성경이 말하고 있는 것보다 더 많은 부분을 사단의 활동으로 돌리고 있지는 않는가?

　　이러한 의문을 염두에 두고 이 영적 싸움이 어떻게 시작되었는가를 간단히 살펴보자.

영적 전투의 근원

하나님에 대한 사단의 질투

이 전투의 뿌리는 천상에서 일어난 한 사건에서 발견되는데, 하

15

나님과 가장 높은 천사가 이 사건에 연관되어 있다. 성경에는 사단이 어떤 과정을 거쳐서 천사의 신분과 역할을 버리고 타락하여 우리가 오늘날 만나는 그러한 존재로 떨어지게 되었는지, 그 사건에 대하여 언급되어 있지 않다. 그렇지만 우리는 전적으로 악한 사단의 본성과 하나님을 향한 극도의 질투와 증오에 찬 사단의 활동에 대하여 분명한 기록을 가지고 있다.

사단이 천사들의 서열 중에서 가장 높은 천사였으리라는 생각은 이 주제에 대한 복음주의 저자들이 일반적으로 동의하는 바다. 사단이 하나님의 보좌를 수호하는 그룹 천사 중의 하나였을 것이라는 몇 가지 성경적인 근거가 있다(에스겔 28:16, 출애굽기 25:19, 시편 18:10, 히브리서 9:5). 구약 성경에서는 하나님이 그의 백성 가운데 거하셨던 속죄소 양 끝에서 상징적으로 수호하면서 서 있는 천사가 그룹이다. 이 땅의 형상으로 하늘의 것을 묘사할 때 조심해야 한다는 것을 인식하면서, 사단이 그의 본래적인 상태에서 극소수의 다른 피조물들만이 가지고 있는 시각으로 하나님의 영광을 감지했다고 말하는 것은 바른 이해라고 생각된다.

사단이 어떻게 천사의 지위를 포기했는가 하는 것은 우리가 이해하기에는 어려운 차원의 이야기다. 그러나 나는 비록 성경이 직접적으로 말해 주는 것은 아니라고 해도, 성경의 가르침에 함축된 것으로부터 하나의 가능한 시나리오를 제시한다. 천사들이 언제 창조되었는지는 성경에 나와 있지 않지만, 세상의 창조보다는 앞선 것이 틀림없다. 왜냐하면 땅의 기초가 놓였을 때 "새벽 별들이 함께 노래하며 하나님의 아들들이 다 기쁘게 소리하였기"(욥기 38:7) 때문이다. 그러나 여전히 나는 천사가 영원한 과거의 어떤 막연한 시간에 창조된 것이 아니라, 인간의 창조와 연관되어 창조되었다고 믿는다. 왜냐하면 골로새서 1장 16절에 나타난 바울의 진술에서 천사들은 세계 창조에 있어서 다른 요소들과 함께 나열되기 때문이다. 그리고 천사들은 인간 역사를 비롯해서 세상의 많은 사물과도 밀접한 연관을 가지고 있다.

분명 루시퍼에게는 다른 그룹들과 함께 하나님의 영광을 수호하는 임무가 있었다. 물론 하나님은 그 안에 어떤 약점을 가지고 있어서 "수호자"가 필요한 분은 아니다. 그러나 무한한 그의 예지(豫知)로 인하여, 하나님은 그의 손에서 나온 몇몇 피조물들이 그로부터 떨어져 나가서, 심지어 하나님의 대적이 될 것을 아셨다. 사단은 하나님의 피조물인 인간이 속해 있는 영역에서 영광의 문제로 하나님께 도전하고자 했다. 그러므로 하나님의 다른 피조물들은 하나님의 영광을 드러내는 역할을 감당해야 했으며, 어떤 의미에서는 지구의 주민들 가운데서 하나님의 영광을 수호하는 자가 될 필요가 있었을 것이다. 하늘의 영역에서 루시퍼의 처음 위치가 "수호자 그룹" 중의 하나였다면, 그는 극소수의 다른 피조물들만이 알고 있는 하나님의 영광을 알았을 것이다.

창조 과정의 어떤 시점에서 루시퍼는 하나님과 그의 영광에 대한 질투심을 갖게 되었다. 이 질투심은 만약 그가 실제로 하나님의 자리를 차지할 수 없다면, 하나님과 같이라도 되고자 하는 무모한 욕망에까지 이르게 되었다. 우리는 광야에서 시험받는 예수께 자신을 경배하라고 유혹하는 사단에게서(마태복음 4:9), 그리고 미래의 어느 날 "범사에 일컫는 하나님이나 숭배함을 받는 자 위에 뛰어나 자존하여 하나님 성전에 앉아 자기를 보여 하나님이라 하는"(데살로니가후서 2:4) 불법의 사람으로 나타날 사단에게서 이 욕망이 표면화되는 것을 발견한다. 그리고 요한계시록 13장에 나타나는 짐승의 활동을 통해서도 사단의 욕망을 발견할 수 있다.

이사야 14장을 사단에게 적용할 때 제기되는 문제점이 있다. 그러나 나는 이사야서에 나타나는 나라들에 대한 예언들을 다루는 데 비유적인 해석이 요구된다고 믿는다. 성경의 주된 관점으로 본다면, 바벨론은 세상이나 세상 체계를 나타내는 전형이거나 상징이며 그 세상 체계의 "왕"이나 "왕자"는 사단이다.

비록 이사야 14장에서 언급한 것이 단지 바벨론의 왕이라는 역사적 인물에 대한 것이라고 할지라도, 그는 사단의 지배를 받아서 사단의 말을 대변하는 사람의 표본이다. 이 구절에 대해 제프리 그로간(Geoffrey Grogan)의 주석은 적절하다.

이 구절 자체는 주 예수께서 누가복음 10장 18절에서 하신 말씀으로 되풀이되어 나타난다. 이사야서에서는 바벨론 왕을 묘사하기 위해서 쓰인 말이 누가복음에서는 사단을 묘사하기 위해서 사용된다. 바벨론 왕의 교만은 참으로 사단적이기 때문에 이보다 더 적절한 표현은 있을 수 없다. 사단이 이 세상의 통치자들 속에 들어가 자신의 악한 마음을 불어넣을 때 사단의 사악한 속성이 통치자들 속에서 드러나게 된다. 그리하여 통치자들은 사단이라는 실체의 그림자가 된다.[4]

그러므로 나는 이 구절을 사단을 이해하는 기본 골격으로 삼는다. 이 구절에서 우리는 루시퍼가 타락하게 된 선, 즉 넘지 말아야 할 선이 무엇이었는지 볼 수 있다. 첫째, 이 피조물은 천사로 창조된 서열에 불만을 품고 하나님의 영역에 들어가고자 열망한다("내가 하늘에 올라" 13절 상반절). 둘째, 루시퍼는 자신과 동등한 다른 천사들 위에 오르고자 하는 거룩하지 못한 야망을 품는다("하나님의 뭇별 위에 나의 보좌를 높이리라" 13절 중반절). 셋째, "집회의 산"이 메시야의 왕권을 의미하는 것이라고 한다면, 우리는 사단이 왕의 지위를 가진 그리스도에게 도전하는 것을 본다. 사단은 광야의 시험에서 이 도전을 감행하였지만 결국 실패로 끝났다("내가 북극 집회의 산 위에 좌정하리라" 13절 하반절). 넷째, 구약 성경에서 구름과 하나님의 영광이 서로 관련되었다는 것을 받아들인다면(출애굽기 13:21, 40:34-38), 사단은 하나님께 속한 영광의 지위를 추구한다("가장 높은 구름에 올라" 14절 상반절). 그리고 마지막으로 사단은 여호와 하나님과 같이 되고자 하여 하나님의 주권적인 지위에 도전한다("지극히 높은 자와 비기리라" 14절 하반절).

그러나 피조물은 하나님에 의해서 창조된 것보다 더 높은 수준으로 올라갈 수 없다. 그래서 사단은 하나님께 반역함으로 영화의 길로 들어선 것이 아니라 타락의 길로 떨어졌다. 사단에 관한 쉐퍼의 신학관

| 하나님의 영광 |

에서 볼 수 있듯이, 오늘날 사단이 영향력을 발휘하는 악과 고통의 세상은 "사단의 목적이 달성되었다기보다는 오히려 실패로 끝났다는"[5] 증거로서 더욱 타당한 것 같다. 그로간의 말을 다시 빌리자면, "피조물이 하나님과 같아지고자 할 때에 가장 하나님과 멀어지게 된다는 사실은 야릇한 역설이 아닐 수 없다."[6] 그러므로 사단은 하나님과 같이 영화롭게 되기보다는 오히려 사악한 것의 대표가 되어버렸다.

하나님의 자녀에 대한 사단의 질투

사단의 타락에는 또 다른 요소가 있는데, 이것을 아는 것이 오늘날 우리가 개입되어 있는 싸움을 이해하는 데 도움이 될 것이다. 인간이 창조될 때까지는 사단이 타락하지 않았을 수 있다. 우리가 이미 주목한 것처럼 천사들은 확실히 인간보다 먼저 창조되었다. 그러나 루시퍼가 "하나님의 형상대로"(창세기 1:26, 27) 창조된 새로운 존재를 보았을 때 질투심이 커졌을 수도 있다. 이들 새로운 인격체들은 지상의 삶에서는 천사보다 열등하게 창조된 반면, 그들보다 더 영화롭게 될 가능성을 가진 존재로 창조되었다. "하나님의 형상대로" 창조된 존재로서 인간들은 루시퍼가 가지지 못한 능력, 즉 하나님을 닮을 수 있는 능력을 가지고 있었다. 참으로, 로마서 8장 17, 30절, 그리고 9장 23절 같은 구절들에서 볼 때 그것은 그의 백성에 대한 하나님의 계획이라는 사실이 분명히 드러난다. 루시퍼가 영광의 문제로 하나님에 대하여 질투했다면, 또한 하나님이 만드신 최고의 창조물에 대해서도 같은 문제로 질투하는 것은 당연하다.

사단은 하나님의 영광의 지위를 소유하기 위해서 하나님을 정면으로 공격하고 싶어했지만 그것은 불가능한 일이다. 여호와 하나님이 소유하고 계신 신성(神性)의 수준과 사단이 소유하고 있는 천사의 수준은 그 차이가 너무나 광대하기 때문에 사단의 도전은 우스꽝스러운 것이 되었다. 이것이 하나님께서 그 백성의 적들을 비웃으시는 것을 묘사하고 있는 시편 구절들의 배후에 깔려 있는 생각이다(시편 2:4, 37:13, 59:8). 그러나 하나님의 자녀들은 상처를 입기 쉽다. 사단은 그 자녀들을 공격하고 위협함으로써 하나님을 공격하는 전술을 개척했는데, 이 전술은 그때 이후로 지금까지 사용해 온 것이다. 하나님의 자녀들은 세상에서 사는 동안에는 육체의 한계 안에 있는데, 천사들은 비록 타락한 천사들조차도 어느 정도의 초자연적 힘을 가지고 있다. 이 때문에 사단은 자신의 천사적인 힘을 사용하여 하나님의 자녀들을 속이고, 그리하여 하나님의 자녀로 하여금 이 세상에서 하나님의 영광을 드러내지 못하게 하고, 또 죽은 후에 영화롭게 될 가능성을 없애 버리려는 계획을 세우게 되었다.

사단의 첫 번째 욕망은 하나님의 다른 피조물로 하여금 자신을 경배하게 하고 또 마땅히 하나님께만 돌려야 할 영광을 자신이 받으려는 것이었다. 그러나 그것은 쉽게 성취할 수 있는 일이 아니었으며, 특히 정면으로 접근한다면 더욱 쉽지 않았다. 그는 속임수를 통해 그의 목적을 달성해야 했다.

사단의 전략

하나님과의 싸움에 있어서 사단의 주된 전술은 바로 그 시초부터 하나님의 자녀들을 속이는 것이었다. 인간 안에 있는 놀라운 잠재력은 하나님 안에서가 아니라 오히려 인간의 능력으로 실현할 수 있다고 믿게 하는 것이었다. 그리고 여호와 외에 다른 합법적인 힘의 근원이 있다고 믿게 하는 것이었다. 하나님의 형상대로 만들어진 인간이라는 피조물이 엄청난 잠재력을 가졌다는 것은 의심할 여지가 없다. 우리 안에 사용되지 않은 광대한 자원이 있다고 말하는 인본주의자들의 주장은 부분적으로 옳다. 사단은 이 사실을 잘 알고 있었으며, 에덴 동산에서 하와를 처음 만난 이후 여러 가지 형태로 인본주의라는 거짓말을 팔려고 노력해 왔다. 즉 인간은 창조자와의 관계를 떠나서 인간의 잠재력을 완전히 실현할 수 있다는 것이다.

오늘날 사단으로부터 오는 능력과 지식을 받아들이도록 사단이 사람들을 유혹할 때, 그 근원이 사단임을 알지 못하게 하기 위해서 사용하는 속임수의 한 예를 뉴에이지 운동에서 볼 수 있다. 루이스(C. S. Lewis)는 그의 책에서 이에 대한 괄목할 만한 통찰력을 보여준다. 그 책에서 스크루테이프는 웜우드에게 이렇게 쓰고 있다.

당분간은 정체를 숨기는 것이 우리의 정책이다. 물론 처음부터 그랬던 건 아니지. 사실 우린 지독한 딜레마에 직면해 있다. 인간이 우리 존재를 믿지 않으면 직접 테러를 가함으로써 얻는 즐거운 소득을 포기해야 하고 마술사도 만들어 낼 수 없다. 반대로 인간이 우리의 존재를 믿게 되면 유물론자나 회의론자를 만들어 낼 수 없지.

어쨌든 적어도 아직까지는 우리 존재를 알릴 때가 아니야. 그러나 나한테는 한 가지 위대한 소망이 있다. 언젠가 적당한 때가 되면 과학을 감상적으로 만들고 신화화함으로써, 원수를 믿으려는 인간의 마음이 미처 열리기 전에 사실상 우리에 대한 믿음(물론 우리 이름을 노골적으로 내세우지는 않겠지만)을 슬금슬금 밀어넣는 법을 터득할 날이 오고야 말리라는 소망이지. "생명력"(Life Force)이라든가 성(性) 숭배 풍조, 정신분석의 몇몇 부분은 이 점에서 유용하게 써먹을 만하다. 언젠가 우리가 "유물론자 마술사"라는 완전무결한 작품을 만들어 낼 그날이 오면, 즉 "영"의 존재는 거부하되 자기가 막연히 "힘"(Forces)이라고 부르는 것을 직접 활용까지는 못 하더라도 사실상 숭배하는 사람을 탄생시키는 그날이 오면, 그때 비로소 우리는 이 기나긴 전쟁의 끝을 보게 될 게다.[7]

이렇게 뉴에이지 운동에 있어서는, 주권적인 창조자요 세계를 지탱하는 자로서의 하나님이 사람들의 신앙체계에서 제외되어 있다. 사람들은 개인적으로 그리고 집단적으로 신이 되어 왔다. 사람들은 "마음에 잠재된 힘"을 여러 가지 방법으로 개발할 수 있다고 생각하며, 영적 경로를 열어서 다른 시대의 사람과 접촉함으로서 그 힘을 향상시킨다고 믿는다. 이러한 모든 것은 뉴에이지 신봉자들이 어떻게 정의하든지 간에 사실상 귀신들로부터 그 힘을 받는 것이다. 그러므로 이러한 사람들에게 복음을 전할 때에 우리는 영적 세력과 직면할 준비가 되어 있어야 한다.

이것이 능력 대결이다. 그리고 덧붙여서, 우리는 진리로써 사단의 속임수를 드러내고, 이러한 속이는 영들을 제압하는 하나님의 능력을 말로써만 아니라 실제로 증거할 준비가 되어 있어야 한다.

예를 들면, 한 청년이 자신의 신체 이탈 경험에 대하여 나에게 도움을 요청했다. 그는 잠재력을 개발하여 삶의 열망을 성취할 수 있다는 프로그램에 참석한 이후로 이런 경험을 하기 시작하였다. 프로그램의 지도자는 첫 모임에서 그 프로그램은 사이비 종파도 아니며 사실 종교적인 것도 아니라고 확언했다. 이것을 증명하기 위하여 그는 칠판에 "하나님"이라고 쓰고, 한 사람씩 나와서 "하나님"이라고 써놓은 것을 지우도록 했다. 그리하여 그들을 위해서 하나님이 무엇을 해줄 것이라고 기대하지 않고 그들 자신이 무엇을 하려고 한다는 것을 나타내려 했다. 그러고 나서 그들은 "예수 그리스도"라고 써놓고 똑같이 했다. 그 청년이 그 가르침에 깊이 빠져들수록 이상한 체험도 점점 많아졌다. 그가 모임의 지도자에게 이 이상한 일들에 대해서 물어보았을 때, 단지 이러한 일은 일상적인 것이므로 걱정하지 말라는 말만을 들었다.

그 청년이 자기가 속임수의 희생물이 되었다는 것을 깨닫고서, 알지 못하는 사이에 그의 삶에 들어와 있는 힘들과의 관계를 끊고 그리스도의 주권과 성경의 진리에 다시 자신을 의탁했을 때, 신체 이탈의 경험은 멈췄다.

그러나 사단이 그의 속임수를 조장하기 위해서 이용하는 또 다른 인간적 요인이 있다. 우리 인간은 엄청난 잠재력을 가진 존재로 창조

24

되기는 했지만 독립적인 존재로 창조되지는 않았다. 우리는 여러 가지 종류의 관계를 요구하는 인간 사회 속에서 살도록 만들어졌다. 그리고 마거릿 셔스터(Marguerite Schuster)가 통찰력 있게 지적하고 있는 것 같이, 사람들에게는 이러한 관계를 해나가기 위한 힘이 필요하다. 그녀는 다음과 같이 말한다.

> 아무 능력이 없고, 아무런 영향력도 끼치지 못하며, 어디에서나 누구와도 차별되지 않는 것은 존재하지 않는 것이다. 무력함을 **느낀다**는 것은 무존재의 두려움, 아무것도 중요하지 않다는 두려움, 자신이 무력하기 때문에 모든 것이 전적으로 의미가 없으며 희망이 없다는 **두려움**과 만나는 것이다.[8]

능력은 삶 그 자체를 위해서 모든 사람에게 반드시 필요한 것이라는 의미가 거기에 있다. 그러므로 사단은 인간이 가장 근본적인 차원에서 능력이 필요하다는 사실에 호소하며, 그 호소를 매우 효과적으로 사용한다.

환경을 이기고, 사람을 이기고, 미래를 이길 수 있는 능력에 대한 필요성은 언제나 인간의 관심사가 되어 왔다. 우리는 이 힘을 하나님 안에서 발견하지 않으면 사단이 주는 능력에 넘어가기 쉽다. 마술, 마법, 점, 신비주의와, 특별히 뉴에이지의 가르침이 오늘날 성행한다는 것은 이러한 능력에 대한 욕구가 아직도 존재한다는 증거다.

이렇게 해서 한편으로는 영광의 문제로 하나님과 전쟁을 벌이는 강력하고 반역적인 천사가 있고, 또 한편으로는 독특하게 하나님의 형상이 부여되어 "그의 영광의 찬송"(에베소서 1:12, 6절도 참조)을 위해서 살도록 지음 받은 피조물이 있다. 우리 인간이 이 고귀한 목적을 위해서 하나님의 형상으로 창조되었지만 그 목적을 성취하기 위해서는 하나님과의 지속적인 관계가 필요하다는 것을 사단은 안다. 더군다나 지금 사단은 하나님과의 전쟁에서 우리를 수단으로 사용할 수 있다고 본다. 사단은 만일 그가 정보와 능력을 제공하여 우리를 유혹할 수 있거나 혹은 그의 능력을 나타내어 우리를 겁먹게 할 수 있다면, 하나님의 계획을 좌절시킬 수 있다고 믿는다.

그리하여 하나님에 대한 사단의 질투는 사단을 움직이는 가장 강력한 동기다. 질투는 행동으로까지 옮기게 되는 매우 강력한 감정이다. 질투는 억제하지 않고 그대로 내버려두면 세 가지 단계를 거쳐 발전한다. 첫째, 우리는 누군가 다른 사람이 가진 것을 보고 그것을 원한다. 두 번째 단계에서, 우리는 그것이 결코 우리의 것이 될 수 없다는 것을 깨닫는다. 그래서 우리는 우리가 가질 수 없는 것을 가지고 있는 그 사람을 미워한다. 마지막으로, 그 미움은 다른 사람이 가지고 있는 것, 즉 그것이 물질적인 것이든 아니면 명예와 같은 것이든, 그것을 빼앗으려는 시도를 하게 된다. 루시퍼는 아주 빨리 세 번째 단계까지 도달했다. 그리고 오늘날 그의 유일한 야망은 하나님으로부터 그의 영광을 빼앗고 우리가 그 영광에 참여하지 못하도록 막는 것이다.

마귀는 하늘에서 하나님으로부터 영광을 빼앗을 수는 없다. 그러나 그는 하나님께서 이 땅에서 사람들로부터 마땅히 받아야 할 영광을 받지 못하시도록 막을 수는 있다. 사단은 하나님의 성품과 인간의 창조와 재창조에 나타난 하나님의 목적에 대하여, 그리고 사단 자신의 능력에 대하여 사람들을 무지하게 함으로써 그의 목적을 달성하고 있다. 그리고 땅에서 사람들이 주님을 찾고 그의 길로 행하려고 노력할 때, 사단은 최소한 그들이 "그의 영광의 찬송"을 위하여 살지 못하도록 막을 수 있다. 어떤 경우든 그의 근본 목적은 사람들로 하여금 하나님 중심적인 삶보다는 자기 중심적인 삶을 살도록 하고, 삶에 대한 사단의 거짓말을 받아들이게 하고, 하나님의 힘 대신 사단의 힘을 사용하도록 하는 것이다.

토론 문제

1. 영적 전투는 창세기 3장(특히 15절을 보라)의 땅 위에서 시작되었으며 요한계시록 20장의 사건에 이르기까지 끝나지 않는다는 사실을 숙고해 보라. 이것이 성경의 나머지 부분을 해석하는 데 어떤 영향을 주는가?

2. 하나님의 영광은 무엇인가? 하나님을 영광스러운 분으로 말하는 것이 왜 옳은가? 하나님의 영광과 우리가 일반적으로 말하는 영광은 어떻게 다른가?

3. 우리가 하나님의 영광을 알 수 있는 근거는 무엇인가?

4. 역사적으로 내려오는 한국 문화가 하나님에 대한 시각과 하나님의 백성인 우리 자신에 대한 시각을 어떻게 왜곡시킬 수 있는가?

2
____
세계관의 싸움

내가 다른 학교에서 객원교수로 있을 때였다. 어느 날 강의를 마친 다음, 그 강의를 들으러 왔던 한 선교사가 그 대학의 학장과 함께 식사를 하고 있었다. 학장이 선교사에게 무엇을 배웠는지 물었다. 그의 대답은 다소 학장을 놀라게 하였다. 그는 "나의 세계관이 바뀌었습니다"라고 대답했다.

우리 대부분은 영적 싸움에 관한 이론이나 신학에 대해서는 그다지 어려워하지 않는다. 그러나 이것을 적용하려 할 때는 상당한 어려움을 갖는다. 그 이유는 우리가 갖고 있는 세계관 때문이다. 우리의 세계관에서는 영들이 어떤 기능을 하지 못한다. 우리는 아무런 문제 없이 영의 세계에 대하여 신학적으로 이론화할 수 있다. 그러나 우리 삶의 현상 안에서 영들을 설명하려 할 때, 커다란 문제점을 갖게 된다.

간단히 말해서, 영들은 우리에게 그다지 실제적이 아니다. 우리 삶의 대부분은 아니라 할지라도 많은 부분에서, 우리는 우리가 인정하는 것 이상으로 매우 인본주의적이고 물질주의적이다. 그것은 명백히 큰 죄

29

다. 그것을 시험해 보기 위해서 자신에게 이렇게 물어 보라. 만약 당신이 토론을 하다가 말다툼에 빠졌을 때, 좋은 인상을 주고 싶은 중요한 사람이 나타날 때와 성령께서 거기에 계시다는 것을 깨달았을 때, 어느 때 당신의 감정을 더 잘 통제하는가? 영들보다는 사람들이 우리에게 훨씬 더 실제적이다. 불행한 사실은 바로 이것이 귀신들에 대해서뿐 아니라 성령에게도 마찬가지로 적용된다는 것이다.

세계관의 정의

세계관은 우리 주위의 세계와 우리가 그 안에서 경험하는 것을 설명하기 위해서 우리가 발전시킨 사고체계다. 우리가 어떤 사회에서 자랐느냐에 따라 전적으로 우리의 세계관이 결정된다. 비록 연구를 통해 세계관이 대폭 변화될 수 있기는 하지만, 대부분의 경우 세계관은 깊이 연구한 다음 갖게 된 것이라기보다는 무의식적으로 받아들인 것이다. 제임스 사이어(James Sire)는 "우리의 세계를 구성하는 기본적 틀에 관하여 우리가 의식적으로 혹은 무의식적으로 가지고 있는 일련의 전제나 가정"으로 세계관을 정의한다.[1] 세계관은 우리가 개발한 일련의 범주인데, 우리는 우리의 경험에서 얻은 정보를 그 안에 집어넣음으로써 의미를 부여한다.

다른 방식으로 표현하자면, 그것은 좋은 시력이나 나쁜 시력을 통해서 세상을 보는 것과 같다. 나의 누이 중 하나가 한때 대학 안에 있는 학습장애 센터에서 연구한 적이 있었다. 그때 그 센터의 소장은 새로운 연구에 몰두하고 있었다. 아주 우연히 그 소장은 색깔 있는 아세테이트 한 장을 인쇄된 종이 위에 올려놓았는데, 시각장애가 있던 어린아이가 종이에 쓰여진 글을 정확히 볼 수 있다는 것을 발견했다. 그리고 좀더 연구를 하면서 색깔과 시각성 학습장애에는 분명한 연관성이 있다는 사실을 알게 되었다. 그 이후로 나의 누이는 사람들에게 색깔 있는 렌즈를 쓰게 하고, 어떤 물체든지 "그것이 정상적으로 보입니까?" 하고 묻는 재미를 만끽해 왔다.

우리는 세계관이라는 렌즈를 통해 세상을 본다. 마치 우리 눈의 이상이 시각장애나 난독증(難讀症)과 같은 문제를 야기하듯이, 잘못된 세계관은 삶의 경험을 그릇되게 해석하도록 만들 것이다. 그리고 마치 난독증을 가진 사람이 "정상적인" 시각이 어떤 것인지 알지 못하는 것처럼, 잘못된 세계관을 가진 사람은 그의 세계관에서 어떤 결정적인 요소가 빠졌는지 알지 못한다.

스탠리 무니햄(Stanley Mooneyham)은 그것에 대해 다음과 같이 말한다.

해외여행 중에, 나는 귀신들린 현상을 개인적으로 접해 본 적이 없다. 그러나 나는 여러 번 영적 전투를 인지할 수 있었는데, 거기에서 악의 존재는 매우 실제적이었으며 나는 영적 전투가 일어나고 있다는 것을 알 수 있었다.

만일 내가 다른 문화적 배경과 세상을 바라보는 다른 "눈"을 가졌더라면 이 귀신들의 활동을 볼 수 있었을 것이라고 확신한다. 기술 지향적, 합리주의적 문화가 단

31

지 나로 하여금 다른 문화의 사람들이 분명하게 보고 경험하는 것을 보지 못하도록 막았다.[2]

대학시절 내가 좋아했던 교수 한 분은 자주 이렇게 말했다. "사람들은 자기들이 고백하는 대로 살지 않을 수 있다. 그러나 자기들이 믿는 대로 산다." **세계관은 진실로 우리가 믿는 것이다.** 믿음을 "고백"하는 것은 대개 자기 종교의 교리들을 이론적이고 신학적으로 진술하는 것이다. 이 차원에서 이루어지는 것이 학자들의 연구와 토론과 가르침이다. 그러나 대개 신자들은 매우 다른 수준, 즉 삶의 차원에서 자신의 종교를 실천한다. 이것은 종종 종교의 "대중적" 수준이라고 불린다. 세계관은 지식적 수준이 아닌, 우리들 신앙의 대중적 수준에서 가장 분명하게 표현된다. 그래서 사람들이 정말로 무엇을 믿는지 알고 싶다면, 즉 그들의 세계관이 정말 무엇인지 알고자 한다면, 그들에게 묻지 말고 그들을 지켜보라. 특별히 그들이 압박 아래에 있고 위기에 처해 있을 때를 관찰하라. 이와 같은 때에 그들이 어떻게 하는지를 보면 그들의 신앙체계가 어떠하며, 특별히 하나님과 영적 능력에 대한 믿음이 어떠한지를 알 수 있다.

정령숭배적 세계관

비서구 세계의 대부분 지역과 서구 세계의 꽤 많은 지역에서 보통 정령숭배와 유사한 대중적 수준의 종교를 갖고 있다. 정령숭배는 회교나 힌두교와 같이 하나의 세계종교가 아니다. 즉, 그것은 체계적인 교리를 갖추고 있지 않다. 그러나 정령숭배는 매우 널리 퍼져 있고, 몇 가지 공통 요소를 가지고 있다.

그러한 공통 요소 중의 하나는 동물, 식물, 광물 등 세계에 있는 모든 것이 같은 종류의 영적 능력을 갖고 있다는 것이다. 이 능력은 여러 가지 용어로 표현되지만, 마치 전기와 같은 것이다. 그것 자체는 좋지도 나쁘지도 않다. 그것은 중립적이다. 마치 전기가 방을 밝힐 수도 있고 사람을 죽일 수도 있는 것처럼, 이 비인격적인 영적 능력은 인간에게 행운을 줄 수도 있고 인간을 죽일 수도 있다.

이 비인격적인 능력 외에도, 정령숭배는 영이 삶의 모든 구석에 개입되어 있다는 믿음을 가지고 있다. 이 영들은 자연 물체, 사람 및 조상과 같은 죽은 사람과 연관되어 있을 수 있다. 그들은 성격상 선할 수도 혹은 악할 수도 있다. 정령숭배적 세계관을 가진 사람들이 이 세계를 순전히 과학적인 관점에서 보는 것은 상상할 수도 없다. 그들의 관점에서는 물리적 세계와 영적인 세계가 나누어질 수 없다.

서구적 세계관

한편, 서구 세계에 사는 전형적인 그리스도인의 세계관에서는 두 세계가 분리되어 움직인다. 하나는 초자연적인 세계다. 거기에는 하나님과 그 외에 어떤 영적 존재이든 간에, 하여간 영적 존재들이 있다. 다른 하나는 자연 세계다. 이 세계는 "자연법칙"을 따라 움직이도록 창조되었는데, 이 법칙은 하나님이 세상을 창조하실 때 세우신 것이지만, 오늘날에는 어떠한 영의 개입 없이 움직이고 있다. 이 세계관은 우리로 하여금 "이것이냐 혹은 저것이냐"라는 종류의 질문을 하게 한다. 즉, 그것이 초자연적인가 혹은 자연적인가? 그것이 종교적인가 혹은 과학적인가? 그것이 영적인가 혹은 심리학적인가? 그것이 신성한가 혹은 세속적인가? 그것이 귀신적인가 혹은 단순히 육적인가?

　　우리는 이 두 세계가 분명하게 분리되어 있으며, 두 세계 사이에 어떤 연결이 있더라도 그것은 그다지 제구실을 하지 않는다고 생각한다. 우리는 자연 세계에서 일어나는 어떠한 현상도 자연 세계 안에 그 원인이 있다는 전제를 받아들인다. 여기 자연 세계에서 일어나는 어떠한 관측 가능한 현상이나 경험도 그 원인이 영들의 세계에서 비롯되는 경우는 좀처럼 없을 것이다. 때때로 이런 범주에 들어가는 "기적"이라는 것이 있을 수도 있다. 그러나 그것은 드문 일이다. 우리는 많은 경우에 있어서 기능적인 이신론자(理神論者)가 되어 버렸다. 우리는 하나님을 창조자로 인정하기 때문에 우리가 기독교 세계관을 가지고 있다고 생각한다. 그러나 우리는 하나님께서 지금 하늘의 보좌에 계시고, 그리고 세계는 영적인 요소가 전혀 작용하지 않는 과학적 법칙들에 의해서 움직이고 있다고 생각한다. 그것이 바로 이신론이다.

성경적 세계관

그러나 이러한 세계관이 우리로 하여금 진리의 기초 위에서보다는 잘못된 생각의 기초 위에 행동하도록 만드는 사단의 전략이라는 결론을 내려야겠다. 우리가 살고 있는 세계에는 하나님과 천사, 그리고 인간이라는 세 부류의 존재가 있으며, 이 세 부류는 지속적으로 기능하면서 상호 접촉하고 있다는 것을 성경은 분명히 가르쳐 준다.

하나님의 영역

이들 부류 중에 가장 높은 존재는 하나님이다. 그는 홀로 존재하신다. 즉 그는 신성의 영역을 홀로 점유하신다. 사단은 수많은 방법으로 여호와 외에 다른 "신들"이 있다는 망상을 일으키려고 노력해 왔다. 그러한 접근방법 중의 하나가, 사단을 하나님의 영원한 상대자로 만드는 이원론이다. 만일 사단이 영광 속에 거하시는 하나님과 같이 되고자 하는 본래의 목표를 달성할 수 없다면, 그는 "영원한 하나님과 영원한 마귀"라고 하는 다른 안건을 제시함으로써 하나님과 동일한 능력을 가진 존재임을 나타내는 선에서 만족할 것이다. 그러나 사실 하나님은 영원하시지만 사단은 영원하지 못하다. 사단은 하나님의 영역에 속하는 것이 아니라 천사의 영역에 머무를 뿐이다. 오직 한분의 하나님만이 계시는데, 그는 창조되지 않은 창조자시다.

천사들의 영역

두 번째는 천사의 영역이다. 이들은 창조된 존재이다(골로새서 1:16). 그리고 성경의 기록에 따르면, 이들은 우리의 세계가 포함되어 있는 우주에서 매우 다양한 기능을 수행한다. 중세 시대에는 천사들을 공상적으로 이해했는데, 이 때문에 종교개혁자들은 이 주제에 대하여 물러서게 되었다.[3] 그리고 계몽주의와 산업기술 시대의 도래는 그러한 위축을 더욱 부채질했다. 폴 히버트(Paul Hiebert)는 이 과정을 "종교의 신비화"와 "과학의 세속화"라고 부른다.[4] 세계는 자연과 초자연이라는 두 가지 영역이 있는 것으로 보이게 되었다. 초자연 영역은 하나님과 천사, 그리고 있을지도 모르는 다른 어떤 영적 존재도 포함하는 것으로 생각되었다. 그래서 초자연적 영역은 점점 "저 세상적"이 되었고, 반면에 자연적 영역은 "이 세상적"이 되었다.[5]

세련된 서구인의 생각 속에서, 초자연적 영역과 "참된" 자연적 영역 사이의 접촉은 점점 줄어들게 되었다. 이러한 세계관이 우리의 교육관을 지배하게 되면서, 복음적인 그리스도인을 포함한 우리 사회의 대부분이 이 세계관에 영향을 받았다. 우리 자신의 세계관이 그것에 의해서 무의식적으로 형성되었을 뿐 아니라 우리는 선교사들을 통해서 그것을 "세계의 3분의 2" 지역에 수출했다. 즉 레슬리 뉴비긴(Lesslie Newbigin)이 그의 책에서, 기독교 선교사들은 이 세상에서 가장 세속화를 가속시키는 세력이었다고 주장할 정도로 그 세계관을 수출한 것이다.[6]

이 과정에서, 사단이 하나님이 받으시기에 합당한 영광을 가로

채는 일을 얼마나 잘 해냈는지 쉽게 볼 수 있다. 예를 들어, 선교사들은 농작물이 잘 자라거나 그렇지 못한 것은 영들이 아니라, 사람이 과학적 영농을 했는가 하지 않았는가에 달려 있다고 가르쳤다. 그래서 우리는 비료와 살균제와 살충제와 개량종 씨앗을 가지고 와서, 종교와 농사는 아무런 관계가 없다는 것, 즉 농사는 과학의 영역에 속한다는 것을 증명하기 위한 실험계획을 내놓았다.

우리는 이렇게 말했어야 했다. 이 세계는 하나님이 창조하셨고 하나님이 주관하시는 세계다. 만약 우리가 하나님의 방법으로 일을 한다면 그가 그 결과를 책임지실 것이다. 그러나 만약 우리가 하나님의 방법으로 일을 하지 않는다면 그 결과에 대한 책임은 우리에게 있는 것이다. 하나님은 그가 세계를 창조하신 이치에 따라 세상의 일들을 해결해 갈 수 있는 방법을 우리에게 가르쳐 주셨다. 그리고 우리가 이렇게 할 때 하나님은 풍성한 수확을 주신다. 과학은 단지 하나님이 세계를 만드신 그 이치를 올바르게 관찰하는 것이다. 실로 이 세계에는 과학적인 질서가 있다. 그러나 그 질서는 하나님의 창조행위에 뿌리를 박고 있으며, 하나님의 지탱하는 힘에 의해서 유지된다. 우리가 "과학적" 농경법을 실시하여 얻는 결과는 하나님의 솜씨지 과학이라고 불리는 비인격적 힘의 솜씨가 아니다.

이것이 어떻게 천사들과 연관되어 있는가? 나는 천사들이 여러 다른 기능 중에서도, 특히 이 세계를 움직이는 하나님의 참모 역할을 한다는 결론에 도달했다. 우리는 천사들이 사람들을 인도하고(창세기

22:11, 15, 31:11, 12), 위험으로부터 사람들을 보호하며(창세기 32:1, 열왕기하 6:17), 사람들을 구해내고(다니엘 3:28, 사도행전 5:19, 12:7), 적들을 격파하며(창세기 19:13, 역대하 32:21, 사도행전 12:23), 지친 선지자에게 음식을 갖다 주는(열왕기상 19:5, 7) 것과 같은 일을 하며, 그리고 "구원 얻을 후사들을"(히브리서 1:14) 위한 여러 가지 사역을 하는 것을 본다. 그러나 우리는 또한 천사들이 역병을 내리고(사무엘하 24:15, 16), 아마도 애굽 사람들 위에 내린 재앙들과도 연관되어 있으며, 적어도 이스라엘을 애굽으로부터 인도한 구름기둥과 불기둥에도 연관되어 있고(출애굽기 14:19, 민수기 20:16), 185,000명의 적을 죽이며(이사야 37:36), 그리스도의 무덤으로부터 돌을 굴리기 위해서 지진을 일으키고(마태복음 28:2), "땅의 사방의 바람을 붙잡으며"(요한계시록 7:1), "땅과 바다를 해롭게"(요한계시록 7:2) 하는 것과 같은 일, 그리고 요한계시록에서 천사들이 하는 모든 일에 있어서 소위 자연의 힘을 제어하는 것을 본다.

성경은 우리에게 완전한 형태의 천사론을 제공하지는 않는다. 그러나 하나님께서 그가 창조하신 세계에서 그의 목적을 이루기 위하여 천사들을 사용하신다고 추측하기에는 충분하다. 이 세계는 "자연법칙"에 의해서 움직이는 비인격적이고 물질적인 세계가 아니라, 천사들이 하나님의 권위로 하나님의 능력으로 떠받치고 있는 것이다. 믿지 않는 자들이 이러한 생각에 대하여 조롱을 퍼붓는다고 해서 이 사실이 부정되지는 않는다. 천사와 귀신의 존재는 과학적으로 인정되든 되지 않든 사실이다. 어떠한 사람의 세계관에 천사가 존재하지 않는다고 해서 천사들이 존재하지 않는다고 할 수는 없다.

불행하게도 루시퍼가 천사들 3분의 1을 데리고 타락했다는 것은 분명하다(요한계시록 12:4). 그들은 마치 고용주를 "두 손 들게" 하기 위해서 자기들이 작동하는 기계의 기어에 모래를 집어넣는 불만에 찬 고용인들과 같이 되었다. 이제 타락한 천사들은 하나님의 선한 피조물을 이간질시키고 타락시키기 위해서 자신들이 위임받은 힘을 물질적 영역에서 사용한다. 인간의 고통과 파괴력은 사실 하나님이 "매우 좋다"라고 선언하신 것 가운데 들어 있지 않다. 이것은 적이 한 일이다.

그러나 모든 천사들이 변절하지는 않았으며 하나님이 보좌에서 물러난 것도 아니다. 그러므로 사단과 그의 타락한 천사들에 대한 심판이 보류 중에 있는 동안, 하나님은 그들이 할 수 있는 일에 대한 한계를 설정해 놓으셨다. 그들은 그들이 원하는 것을 모두 다 할 수는 없으며, 세상을 대혼란 속으로 몰아넣은 이래 갈망했던 것을 모두 할 수는 없다. 말하자면 그들은 개와 같이 줄에 매인 상태에서 움직인다. 줄이 미치는 영역 밖에서는 하나님이 절대적 주권을 행사하시며, 우리의 적이 그 영역에서 무엇을 하려면 하나님께 허락을 얻어야 한다. 사단이 욥에 관해서 하나님과 흥정을 벌인 것이라든지(욥기 1:9-12, 2:1-6), 밀 까부르듯 하려고 베드로를 청구한 것(누가복음 22:31)은 이에 대한 실례가 될 것이다. 그러나 줄이 미치는 영역 내에서는, 하나님은 사람들이 순종하고 믿을 때에만 그의 주권을 나타내기로 선택하셨다. 물론 줄이 닿는 영역

안에서도, 하나님의 능력은 여전히 절대적이다. 왜냐하면 하나님이 모든 영적 대결의 조건을 설정하며, 그리고 어느 날 하나님께서 마지막 심판으로서 사단과 그의 타락한 천사들을 추방하셔서 그의 통치를 드러낼 것이기 때문이다.

그날까지는 사단이 하나님의 자녀들을 계속 공격할 것이다. 그러나 우리는 믿음의 방패로 그들의 공격을 물리칠 수 있다(에베소서 6:16). 마치 구약 성경에서 이스라엘과 이방 국가들이 전투할 때 승리를 가져다주는 분은 항상 하나님이셨던 것처럼, 이들 적을 궁극적으로 물리치는 것은 항상 하나님의 능력이다. 그러나 하나님의 능력은 오직 그 백성의 순종과 믿음이 있을 때에만 나타난다. 하나님이 이스라엘의 적을 패배시키려고 개입하시기 전에, 이스라엘은 항상 하나님의 지시에 따라 적과 교전해야 했다. 이와 같이 우리는 우리의 순종과 믿음을 통해서 우리의 적을 물리칠 수 있는 하나님의 능력을 경험하게 된다. 이스라엘 백성이 하나님께 순종하지 않고 믿음을 보이지 않았을 때, 그들은 적에게 패배를 당했다(사사기 3:7, 8, 12). 이와 똑같은 원리가 오늘날 우리의 영적 전투에서도 작용한다.

사람과 사물들의 영역

이 전투에서 주된 문제는 항상 하나님의 영광이다. 그리고 주된 전쟁터는 세 번째 존재 영역인데, 말하자면 인간의 영역, 그리고 인간과 밀접한 연관이 있는 나머지 피조세계다. 창조는 하나님의 영광이 선포되기 위한 것이었으며(시편 19편), 사람들은 하나님의 영광을 찬양하기 위해서 창조되었고 재창조되었다(에베소서 1:6, 12). 사단과 그의 집단은 기회가 있을 때마다 적대감과 왜곡, 심지어 재해를 이 영역에 끌어들임으로써 하나님의 영광이 나타나지 못하도록 해왔다(로마서 8:19-21). 그들은 하나님의 백성이 하나님의 영광을 위해서 하는 것이면 무엇이든지 하지 못하게 하려고 모든 방법을 모색한다(고린도전서 10:31). 그들의 최우선 전술은 하나님의 성품에 대해, 그리고 하나님과 우리의 관계에 대해 거짓말을 하는 것이다.

우리는 우리 사회의 세속화를 바로 하나님의 성품에 대한 공격으로 볼 필요가 있다. 그리고 그리스도인인 우리가 세속적인 세계관을 갖고 활동할 때 그 세속화에 기여한다는 것을 기억해야 한다.

토론 문제

1. 전통적인 한국 문화, 현대의 한국 문화, 서구의 영향, 성경적 세계관 사이에 어떤 세계관의 충돌이 있는지 분석해 보라.

2. 당신의 세계관은 삶에서 어떻게 드러나는가?

3. 사람들이 그들의 세계관을 성경적 세계관으로 변화시키도록 하기 위해 어떻게 도울 수 있겠는가?

4. 사도행전 16장 16-21절을 읽고, 이 사건에 대해 빌립보 사람들과 서구의 신문기자, 그리고 사도 바울이 각각 어떤 방식으로 보고했을지 비교해 보라. 각각의 경우에서 세계관은 어떤 의미를 갖는가?

3
————
능력과 영광

구약 성경의 모델

　갈멜 산 위에서의 장면은 아무리 축소해서 말한다 해도 극적이었다. 엘리야는 누가 참 하나님인가를 결정하기 위해서 바알의 선지자들에게 공개적 시합, 즉 능력 대결을 신청하였다. 바알의 선지자들은 여러 시간 동안 그들의 해괴한 의식을 거듭해대고 있었지만, 바알로부터 아무런 응답의 기미도 없었다. 엘리야는 "더 크게 소리쳐라" 하고 그들을 꾸짖고 다그쳤다. 바알로부터 응답이 없다는 것이 분명해졌을 때, 엘리야는 제물을 준비하고 그 위에 물을 흠뻑 적셨다. 그러고 나서 그는 이렇게 기도했다.

　아브라함과 이삭과 이스라엘의 하나님 여호와여 주께서 이스라엘 중에서 하나님이 되심과 내가 주의 종이 됨과 내가 주의 말씀대로 이 모든 일을 행하는 것을 오늘날 알게 하옵소서 여호와여 내게 응답하소서 내게 응답하소서 이 백성으로 주여호와는 하나님이신 것과 주는 저희의 마음으로 돌이키게 하시는 것을 알게 하옵소서(열왕기상 18:36, 37).

주께서는 하늘로부터 불을 내려 제물을 다 태워버리고, 덤으로 "나무와 돌과 흙을 태우고 또 도랑의 물을 핥게"(38절) 하심으로써 엘리야에게 응답하셨다. 하나님의 능력이 이렇게 나타난 것을 목격하였을 때, 사람들은 "엎드려 말하되 여호와 그는 하나님이시로다! 여호와 그는 하나님이시로다"(39절)라고 하였다.

하나님은 능력의 역사들을 통해 그의 영광을 드러내기로 선택하셨다. 이 역사들 중의 어떤 것은 갈멜 산에서와 같은 극적인 형태로 나타나고, 또 어떤 것은 환경을 극복하는 삶을 살도록 해주는 능력의 형태로 매일매일 일상생활에서 나타난다. 그러나 어떠한 상황에서든 하나님의 영광이 근본적인 문제며, 그리고 능력은 단지 그 목적을 위한 수단일 뿐이다.

모든 교회에도 해당되는 것이지만, 이 책의 주된 초점은 지상명령이다. 지상명령은 하늘 아래 모든 족속과 나라에 가서 제자를 삼으라는, 우리 주님께서 교회에 내리신 책임이다. 잃어버린 자를 구원하고, 믿는 자에게 그리스도 안에서 자유함과 충만함을 누리도록 이끄는 것이 하나님의 백성이 갖는 주된 목적이다. 그러나 그 일이 중요하기는 하지만 근본적인 문제는 아니다. 근본적인 문제는 하나님의 영광이다. 모든 것을 하나님의 영광을 위해서 행하는 신자들은 다른 사람을 믿음으로 이끄는 증인들이다. 그래서 예수께서는 요한복음 17장에 나타나는 대제사장적인 기도에서 "아버지께서 내게 하라고 주신 일을 내가 이루어 아버지를 이 세상에서 영화롭게 하였다"(4절)고 했다. 그러므로 우리는 만약 하나님께서 세상이 보는 앞에서 영광을 받으시면, 사람들을 그에게 이끄실 것이라는 확신을 가지고 시작해야 한다.

구약 성경을 통해 이것을 좀 더 쉽게 이해할 수 있다. 하나님은 이스라엘 민족의 진 한가운데 성막을 세우도록 명령하셨다. 성막의 중앙에는 지성소가 있었으며 지성소에는 언약궤와 속죄소가 있었다. 지성소 위로는 항상 하나님의 영광을 상징하는 구름기둥과 불기둥이 머물러 있었다. 그리하여 하나님의 영광은 어디를 가든지 이스라엘 장막의 중심에 있었다. 하나님의 목적은 자신의 나라인 이스라엘을 통해서 다른 나라들에게 그의 영광을 나타내고 선포하는 것이었다. 이렇게 하나님은 그의 영광을 상기시키기 위해 가시적인 것을 이스라엘이라는 한 민족의 중앙에 두시고, 그의 영광을 다른 나라들에게 드러내기 위한 수단으로서 이스라엘을 다른 나라들의 중앙에 두셨다. 이스라엘이 이러한 관점에서 자신의 신분과 임무를 기억했을 때에는, 하나님은 참으로 그들에게 그의 영광을 드러내셨는데, 주로 능력을 나타내 보이심으로써 드러내셨다. 라이트(G. Ernest Wright)가 말한 대로 그는 "행동하는 하나님"[1]이셨다. 여리고에 보낸 정탐꾼들의 경험은 적절한 예다. 라합은 그들에게 이렇게 말했다.

이는 너희가 애굽에서 나올 때에 여호와께서 너희 앞에서 홍해 물을 마르게 하신 일과 너희와 요단 저편에 있는 아모리 사람의 두 왕 시혼과 옥에게 행한 일 곧 그들을 전멸시킨 일을 우리가 들었음이라 우리가 듣자 곧 마음이 녹았고 너희의 연고로 사람이 정신을 잃었나니 너희 하나님 여호와는 상천하지에 하나님이시니라 (여호수아 2:10, 11).

자기 백성을 위한 하나님의 강력한 역사는 이스라엘의 적들에게 크게 알려졌다. 우리는 하나님이 일을 행하신 것은 세상으로 하여금 여호와가 하나님이심을 알게 하기 위해서라는 것을 성경에서 자주 대한다 (사무엘상 17:46, 열왕기상 18:36, 37, 20:13).

이러한 원리는 엘리사 시대에 사마리아를 공격한 벤하닷의 기사에서도 나타난다. 이스라엘에 의해서 첫 번째 패배를 당한 후, 벤하닷은 이스라엘에 관하여 이러한 조언을 받았다. "저희의 신은 산의 신이므로 저희가 우리보다 강하였거니와 우리가 만일 평지에서 저희와 싸우면 정녕 저희보다 강할지라"(열왕기상 20:23). 이에 대하여 여호와께서는 이렇게 대답하셨다. "아람 사람이 말하기를 여호와는 산의 신이요 골짜기의 신은 아니라 하도다 그러므로 내가 이 큰 군대를 다 네 손에 붙이리니 너희는 내가 여호와인 줄 알리라"(열왕기상 20:28).

하나님의 영광이 그의 강력한 역사를 통해 드러났을 뿐 아니라, 또 이스라엘은 시편에서 하나님의 영광을 찬양했고 선지자들 또한 하나님의 영광을 선포했다. 다윗과 이사야의 글은 이에 대한 중요한 예다.

다윗은 하나님과 독특한 관계를 가지고 있었다. 그가 "그 영광을 열방 중에, 그 기이한 행적을 만민 중에 선포할지어다"(시편 96:3)라고 말했을 때, 그는 하나님에 대해 정확하게 이해하고 있었던 것이다. "그 영광을 선포하라"는 선언과 "그의 기이한 행적"이라는 증거가 서로 맞물려 있다. 우리는 예수의 사역에서도 동일한 원리가 분명하게 나타난 것을 보게 된다. 제임스 칼라스(James Kallas)는 그의 책에서 이에 대해서 특별히 도움이 되는 설명을 해놓았다.[2] 그는 예수께서 귀신을 쫓고 기적을 행하는 능력을 나타내신 것은 단지 그의 신분과 메시지를 뒷받침하기 위한 것만이 아니라 그 자체가 메시지였다고 설득력 있게 주장한다(마태복음 12:28). 그리고 예수께서 이 하나님 나라와 관련해서 시작하신 일을 우리가 계속해야 한다.

이사야는 하나님의 보편성과 주권에 관하여 분명한 시각을 가지고 있었는데, 그것은 특별히 이사야 40장이나 45장과 같은 곳에서 반영되고 있다. 이사야는 히스기야 왕 시대에 앗수르 왕 산헤립이 쳐들어와서 예루살렘을 포위 공격할 당시에 선지자로 활동하고 있었다. 이때 이사야는 산헤립에게 하나님의 생생한 말씀을 다음과 같이 전하였다.

> 네가 나를 거스려 분노함과
>> 네 오만함이 내 귀에 들렸으므로
> 내가 갈고리로 네 코를 꿰며
>> 자갈을 네 입에 먹여

47

너를 오던 길로 돌아가게 하리라

(이사야 37:29).

이스라엘과 다른 나라들 사이의 싸움은 구약 성경에서 주된 주제다. 언뜻 보면, 그것은 다양한 문제로 인하여 발생한 적들 간의 평범한 무력 충돌로 보인다. 그러나 성경의 기록을 좀 더 주의 깊게 살펴보면, 승리나 패배는 항상 이스라엘의 믿음과 순종에 기초한 하나님의 관여하심의 문제였다. 그들은 군사적으로 매우 불리한 입장에서 적들에게 나아갔으나 승리하였다(사사기 6, 7장, 역대하 20장). 반면에 그들은 군사적으로 매우 우세한 상황에서도 패배하였다(여호수아 7장, 이사야 30:1-5). 문제는 항상 이스라엘의 믿음과 순종이었다. 그들이 하나님의 진실한 성품과 그 약속의 신실성, 그리고 하나님의 백성으로서의 그들의 참된 신분에 기초하여 행동했을 때, 하나님은 승리를 주셨다. 그래서 하나님은 시편 기자를 통해서 이렇게 말씀하신다.

내 백성이 나를 청종하며

　이스라엘이 내 도 행하기를 원하노라.

그리하면 내가 속히 저희 원수를 제어하며

　내 손을 돌려 저희 대적을 치리라!

(시편 81:13, 14)

그러면 이것이 우리가 사단과의 능력 싸움이라고 정의를 내린 영적 전투와 어떤 관계가 있는가? 분명히 관계가 있다. 즉 다른 나라들의 신은 사실상 신으로 가장한 타락한 천사들로서 사람들로 하여금 여호와 하나님에 관한 진리에 무지하게 함으로써 자기들의 속박 아래에 두고자 한다. 그러므로 이스라엘의 싸움은 단지 이스라엘 백성과 다른 나라 백성 사이에 있었던 것이 아니라 하나님과 그 신들 사이에 있었다. 이것이 바로 군사적 힘이 아니라 영적 능력에 의해서 승패가 결정되었던 이유다.

영광, 경배, 그리고 섬김

여기에 함축되어 있는 원리는 하나님이 받으실 만한 섬김은 항상 하나님이 받으실 만한 경배에 기초한다는 것이다. 즉 참된 경배로부터 참된 섬김이 시작된다. 하나님의 백성 편에서 어떤 경배 행위가 있을 수 있다. 그러나 그 경배가 하나님의 참된 성품을 깨달은 결과로 나타난 것이 아니라면 전적으로 하나님이 받으시기에 합당한 것이 아니다. 그리하여 그 경배는 하나님의 목적을 수행하는 결과를 낳지 못한다. 이사야 1장 10-20절은 이것을 잘 대변한다. 경배는 인간이 하나님의 성품에 합당하게 반응하는 것으로, 참된 경배를 가리는 하나의 시금석은 그 경배가 섬김으로 이어지는가 하는 것이라고 말할 수 있다.

다윗이 시편 138편을 쓰기 전의 상태가 그랬던 것처럼, 만일 우

리가 참으로 하나님의 임재하심 가운데 있다면 그 만남에 대한 자연스런
반응으로 하나님을 경배하게 될 것이다. 다윗의 말을 들어 보자.

> 내가 전심으로 주께 감사하며
>> "신들" 앞에서 주께 찬양하리이다.
> 내가 주의 성전을 향하여 경배하며
>> 주의 인자하심과 성실하심을 인하여
> 주의 이름에 감사하오리니
>> 이는 주께서 주의 말씀을
> 주의 모든 이름 위에
>> 높게 하셨음이라
> (1, 2절).

그가 "신들 앞에서" 여호와를 찬양한다고 말할 때, 최소한 이 경
우에 있어서는 다윗이 영적 전투의 상황에서 그의 경배를 바라본 듯하
다는 점을 주목하자. 바울은 그 신들이 정말로 귀신들이라고 말해 주며(고
린도전서 10:19, 20), 그 사실은 시편 106편 36, 37절에서도 드러나고
있다.

> 그 우상들을 섬기므로
>> 그것이 저희에게 올무가 되었도다.

저희가 그 자녀로

　사신(邪神)에게 제사하였도다.

　그러나 우리가 여전히 땅에서 사는 한 경배는 단지 그 자체가 목적이 아니다. 하나님은 분명히 경배 받으시기에 합당하다. 우리의 편에서 볼 때 하나님의 위대하심과 영광을 깨닫는 것 외에 하나님을 경배하도록 자극하는 다른 동기는 없다. 이렇게 하나님께 가까이 나아갈 때, 하나님이 이 세상을 어떻게 보시며 그의 관심사가 무엇인지 깨닫게 된다. 나아가서, 만일 우리가 하나님의 영광을 위해서 할 수 있는 모든 일을 하겠다는 반응을 보이지 않는다면, 우리의 경배 행위는 불완전한 것이 된다. 우리가 모든 일에서 하나님의 주권을 인정하지 않는다면, 우리는 소위 예배 시간에 긍정한 것을 삶에서 부인하는 것이 된다.

　시편 138편은 하나님이 원하시는 것을 짐작할 수 있게 한다. 다윗은 이렇게 기도한다.

여호와여 땅의 열왕이

　주께 감사할 것은

저희가 주의 입의 말씀을 들음이오며,

　저희가 여호와의 도를 노래할 것은

여호와의 영광이 크심이니이다

(4, 5절).

이 기도를 드리는 이유가 "여호와의 영광이 크심"이라는 것을 주목하자. 이렇게 하나님의 영광 앞에 반응하는 것인 경배는 세계 복음화의 기초며 동기다. 그러나 설령 하나님께 경배를 드린다고 해도, 세상을 향한 하나님의 크신 사랑과 모든 나라 사람들이 회개에 이르는 것을 보기 원하는 하나님의 열망(요한복음 3:16, 베드로후서 3:9)을 전하는 일에 기도하고 참여하지 않는다면, 그것은 아마도 하나님과의 참된 만남이라기보다는 인간이 만든 경배의 대용품에 지나지 않을 것이다. 그리고 하나님을 경배하는 것에 기초하지 않는 사역은 심지어 선교 사역이라 할지라도, 불로 공력을 시험할 때(고린도전서 3:12-15, 마태복음 7:22, 23) 남아 있는 것이 적을 것이다. 사역의 방법, 매체, 전략, 기술, 공식 따위에 초점을 맞추는 우리의 모습은, 하나님의 능력을 의뢰하고 나타내는 일에 사역의 뿌리를 두고 있지 못하다는 것을 드러낸다. 이러한 것들이 나쁘다는 것은 아니다. 단지 나는 예수께서 자비를 베푸는 것과 십일조를 하는 것과의 관계에 대해서 하셨던 말씀을 다시 하실 것이라고 생각한다. "이것도 행하고 저것도 버리지 말아야 할지니라"(마태복음 23:23).

능력과 영광

만약 우리에게 중요한 것이 영광이라면, 왜 우리는 능력 대결보다 차라리 영광 대결을 말하지 않는 것인가? 그 분명한 이유가 있다. 사단은 영광의 수준에서는 싸울 수가 없다. 사단이 과거나 현재에 가질 수 있는 어떤 영광도 하나님에게서 나온 것이지 사단 그 자신의 속성에서 온 것이 아니다. 그러나 하나님의 영광은 바로 그의 성품에서 나온 것이며, 하나님 자신 외에 어떤 더 높은 차원이나 다른 근원에서 나온 것이 아니다. 우리의 우주 속에 나타나는 하나님의 창조하시고 다스리시는 능력은 단지 하나님의 영광을 정의하기 위한 출발점일 뿐이다. 기껏해야 사단의 행동은 죄에 의해서 올바른 지각을 상실한 사람들을 감동시키고 미혹시키기 위해서, 이러한 하나님의 강력한 행위를 모방하고 속임수로 능력을 보여주는 것에 불과하다.

사단은 창조의 능력을 가지고 있지 않기 때문에 영광의 수준에서 하나님과 싸움을 시작할 수 없다. 그러나 사단은 하나님께서 창조하신 것을 교묘히 다룰 수 있는 능력을 가지고 있다. 그리고 하나님의 참된 능력을 경험하지 못하는 인간들은 어떠한 초자연적인 능력에 의해서도 쉽게 감동을 받는다. 정령숭배를 하는 사회에서는 능력의 나타남이 긍정적인 것만큼 부정적일 수도 있다. 그러나 정령신앙을 갖고 있는 자에게는 거기에 능력이 개입되어 있다는 사실 자체가 논쟁거리가 못 된다. 만일 선교사가 정령신앙적 체계에서 이미 알고 있는 능력보다 더 큰 능력으로 역사하는 복음을 제시하지 못한다면, 그는 차가운 반응을 얻거나 그렇지 않으면, 개종자들이 겉으로는 기독교를 유지하면서도 여전히 자신들의 전통적인 능력의 근원을 찾아가는 혼합주의적 기독교를 낳게 될 것이다.

실제로 선교지에서 혼합주의를 만들어 온 장본인은 우리들 자신의 혼합주의다. 우리는 선교사들이 세운 한 복음주의 교회의 감독 후보자가 감독 선거에서 이길 수 있도록 부적을 얻으려고 그 지역의 마술사에게 찾아갔다는 말을 들을 때 충격을 금치 못했다. 그러나 현장에서 이러한 현상을 연구하는 사람들은 그러한 일은 흔히 있는 일이라고 했다.

왜 이러한 일들이 일어나는가? 나는 우리 선교사들이 선교지로 갈 때 영적 능력과 영적 존재에 대해 보다 실제적인 믿음을 가지지 않았기 때문이라고 생각한다. 우리는 영적 세계에 대해 우리가 인정하는 것보다 훨씬 더 세속적인 접근을 하였다. 그러므로 세상에서 일어나는 모든 일의 배후에 영들과 영적 능력들이 있다고 생각하는 정령숭배자들이 스펙트럼의 한쪽 끝에 서 있다면, 우리는 그 스펙트럼의 반대쪽 끝인 세속적 차원에 서 있는 혼합주의자들이다.

따라서 우리가 영적 능력에 대해 보다 실제적으로 기독교적 접근을 하지 않는다면 귀신의 세력은 능력 대결에서 우리보다 우세하게 될 수도 있을 것이다. 그리스도인들은 능력 대결에서 하나님의 능력과 십자가의 능력에 대한 확신보다는 두려움을 가지고 대응한다.

진짜 능력과 가짜 능력

그렇다면 문제는 우리가 정령신앙을 다룰 수 있는 상황화된 신학과 제구실을 다하는 신앙을 제공해 주지 못할 뿐 아니라, 또 우리 자신의 문화적 배경에서 역사하는 사단에게도 손쉽게 먹이가 될 수 있다는 것이다. 우리는 마치 히브리서 5장에서 말하는 것처럼, 마땅히 선생이 될 터인데 오히려 초보로 돌아간 자와 같다. 여기서 말하는 초보는 구원과 그리스도인의 삶을 위한 본질적 요소들이다. 그리고 기독교 진리를 이 세상에서 실천함에 있어서 세계관보다 더 근본적인 것은 없다. 그러나 우리는 종종 "지각을 사용하므로 연단을 받아 선악을 분변하는 자들"(히브리서 5:14) 가운데 속하지 못한다.

어떤 사람들은 귀신에 의해서 초자연적인 힘으로 나타나는 것들이 실제 사실인가, 착각을 만들어내는 사람에 의해서 자행된 단순한 속임수가 아닌가 하고 질문한다. 우리에게는 손쉬운 대답과 극단적인 태도를 취하는 속성이 있어서, 귀신들에 의해 나타나는 초자연적 힘을 마술이나 착각의 영으로 돌린다. 그리고 좋은 결과를 낳는 듯한 어떤 초자연적인 것은 하나님으로부터 온 것이라고 가정함으로써 이 문제를 풀려고 하는 경향이 있다. 그러나 나는 사단이나 귀신들이 자연계나 혹은 적어도 앞에서 언급한 "가죽끈"의 영역을 교묘하게 조작할 수 있는 능력이 없다고 말하거나, 또 명백히 초자연적인 것들을 인간의 속임수에 의한 것이라고 말하는 사람들 중에 속할 수가 없다.

때때로 귀신의 활동과 질병 사이에 어떤 연관성이 있다는 것이 분명히 드러난다. 그 예로서, 닐 앤더슨은 의학 전문가들이 다발성 경화증이라고 진단한 한 젊은 여자에 대하여 이야기한다. 그녀와 말하는 동안에, 그는 그녀가 낙담하여 자기 연민에 빠져 있을 때 하나님께 "육체의 가시"를 달라고 구했던 적이 있음을 발견했다. 그녀는 그 육체의 가시가 자신을 더욱 영적으로 만들 것이라고 생각했던 것이다. 사람을 영적으로 만드는 것은 육체가 아니다. 그래서 하나님은 그 기도를 들어줄 수가 없었다. 그녀는 자신도 모르게 "사단의 사자"를 구했고, 사단은 그녀의 요구를 들어준 것이었다. 그녀가 이 기도를 부인하고 사단이 준 영향력을 제거해 주시기를 기도했을 때 그 증상은 사라졌다.[3]

나는 많은 사람이 이 "즉각적인 증상의 해소"에 대해서 매우 다르게 설명하리라는 것을 안다. 내 말의 요지는 증상이 사라진 것이 즉각적이었다는 것이 아니라, 그 전에 자기에게 "가시"를 달라고 사단을 초청한 것을 철회했을 때 하나님의 응답이 즉각적이었다는 것이다. 인간 삶에 있어서 정서적, 영적, 그리고 육체적 측면의 상호작용은 분명히 복잡한 것이다. 그리고 어떤 상황에서 어느 측면이 가장 두드러진 것인가를 밝히기는 어렵다. 많은 경우에 있어서 문제는 인간이 고통을 다룰 때 영적 속성이 무시된다는 것이다. 그러나 사람은 본질적으로 하나님의 형상을 가지고 있는 영적인 존재이기 때문에, 삶의 어떤 부분도 영적 속성이나 영의 세계와 연관되지 않고는 올바로 다룰 수 없다. 영적 영역을 기껏해야 "저 세상"적인 것으로 취급하고, 육체와 굳이 연관될 필요가 없는 영역으로 취급하는 우리의 세속화된 세계관 때문에, 우리는 치유의 과정에서 하나의 본질적인 요소를 배제해 왔다. 그로 인해 사단은 그의 제한된 능력을 사용하여 훨씬 많은 성과를 거둘 수 있었다.

이 시점에서 나는 인간의 신체와 삶에 전반적으로 영향을 미치는 귀신들의 활동에 관한 한 예수 시대 이래로 아무것도 변한 것이 없다는 나의 생각을 확실히 밝히고 싶다. 복음서에 기록된 예수의 치유사역 중 3분의 1이 귀신을 쫓아내는 것이었다.

　　귀신들은 타락한 천사들이며, 따라서 귀신들이 활동하는 방식은 천사들의 본성과 일치한다. 그들이 타락했을 때, 하나님은 그들의 능력을 빼앗고 그들을 즉각 무저갱에 집어넣을 수도 있었다. 그러나 하나님은 귀신들이 사람들의 삶에서 행할 악을 취하셔서, 오히려 그 악을 이용하여 사람들의 삶을 강하게 훈련시킴으로써 귀신들을 능가하는 하나님의 능력을 보여주기로 선택하셨다. 비슷한 방식으로, 하나님의 자녀들이 죄를 지었을 때, 하나님은 그들로부터 하나님의 형상을 빼앗지는 않으셨다. 오히려 그는 우리를 위해 구원의 길을 베푸시고 적이 우리에게 최악을 행할 수 있음에도 불구하고 우리를 영광에 합당하도록 하심으로써 그의 은혜를 나타내 보이셨다.

하나님의 영광을 위해서 사는 능력

　　앞에서 말한 것처럼, 영적 전투는 공공연하게 드러나는 귀신의 활동이 있을 때만 일어나는 것이 아니다. 그것은 우리가 사단의 능력으로부터 하나님께로 옮겨서 그의 진리 안에서 행하고자 결심할 때 바로 그 순간부터 시작된다. 우리의 믿음과 순종의 발걸음이 씩씩할수록 우리를 궤도에서 벗어나게 하려는 적의 활동도 더욱 강해진다. 사단의 목적은 증인된 삶을 살아야 할 우리를 무기력하게 만드는 것이다. 즉 우리로 하여금 하나님께 영광을 돌리는 삶을 살지 못하게 하는 것이다.

영적 전투에서 우리의 태도는 공격적일 뿐 아니라 수비적이 될 필요가 있다. 우리는 귀신의 공격에 대하여 자신을 방어할 준비가 되어 있어야 한다. 그리고 우리는 다양한 형태의 기독교 사역을 통해 적의 영역을 침공함으로써, 적과의 싸움에서 승리할 수 있도록 무장되어 있어야 한다. 그러나 우리의 최고 관심사는 "먹든지 마시든지 무엇을 하든지 다 하나님의 영광을 위하여 하는"(고린도전서 10:31) 것이 되어야 한다. 만약 사단이 하나님의 종들로 하여금 본질적으로 능력 없는 삶, 즉 하나님의 영광을 위해서 살지 않도록 할 수 있다면, 그는 이 영적 전쟁 가운데 또 하나의 전투에서 이기는 것이다. 반면, 우리가 삶의 환경과 적의 공격에 대해 승리하는 능력을 나타내 보일 때, 우리는 하나님의 영광을 위해 사는 것이고, 주위의 구원받지 못한 사람들과 고통 받는 사람들은 우리에게 있는 능력이 어디에서 온 것인지 발견하기 위해서 우리를 찾아오게 될 것이다.

하나님의 영광을 보고 나라들이 하나님께로 나오는 것은 단지 구약 시대에만 있었던 일이 아니다. 그것은 오늘날에도 마찬가지다. 모든 환경에 대처할 수 있는 능력을 통해서 세상에 하나님의 영광을 드러낼 때에 세상은 우리를 주목할 것이다.

토론 문제

1. 능력에 대한 이해가 어떤 면에서 중요한가? 우리는 하나님 외에 어디에서 이 능력을 찾도록 유혹을 받을 수 있는가?

2. 이스라엘 민족은 어떻게 주변 나라들에게 하나님의 영광을 나타냈는가?

3. 오늘날 한국 문화에서 우리는 어떤 방식으로 하나님의 영광을 위해 살지 못하도록 유혹을 받을 수 있는가?

4. 하나님의 영광을 위해서 사는 사람들은 어떤 특징을 가지고 있는가? 당신은 어떻게 그런 사람이 될 수 있는가?

4

선한 영적 능력과
악한 영적 능력

우리가 잘 아는 격언 중에 "권력은 타락한다. 절대 권력은 절대 타락한다"는 말이 있다. 힘에 대한 이러한 경계심은 영적 영역에 관해서 말할 때는 별로 도움이 되지 않는다. 대부분의 일반적인 주장과 마찬가지로 이 주장에는 구체적인 조건이 필요하다. 우선, 오직 하나님만이 절대적 능력을 갖고 계시는데, 그 절대적 능력 때문에 하나님은 타락하시지는 않는다. 두 번째, 능력은 삶의 본질적인 부분으로서 그것을 적절히 사용한다면 우리는 타락하지 않는다. 물론 거의 모든 종류의 능력이 잘못 사용될 수 있다. 그러나 우리를 타락시키는 것은 능력 그 자체가 아니다. 우리가 그 능력에 매혹되거나 지나친 욕심을 부릴 때, 그리고 능력을 잘못 사용할 때 타락하는 것이다.

균형의 문제

1장에서 본 대로 능력은 삶의 본질적인 부분이기 때문에, 사단이 어떻게 해서든 우리로 하여금 능력을 잘못 사용하도록 유혹하리라는 것을 알 수 있다. 나는 이 사실을 발견한 후에 이것을 삶의 철학으로 세우고 계속해서 염두에 두고 생활하고 있다. 우리가 당면한 주제와 이 사실은 분명히 연관되어 있다. 그것은 다음과 같이 표현할 수도 있을 것이다. "그리스도인의 삶은 균형을 유지하려고 노력하는 흥미진진한 과정이다."

이 철학의 배후에는 악은 항상 선의 타락이라는 전제가 놓여 있다. 하나님께서 이 세상을 창조하신 후에 그것이 "심히 좋았더라"고 선포하셨다(창세기 1:31). 이 세상에 존재하는 어떠한 악도 하나님의 손에서 나오지 않았다. 사단은 하나님에 대한 질투심을 품고 나중에 무대에 등장한다. 그리고 하나님께서 선하게 만드신 것을 타락시키기 위해 음모를 꾸미기 시작하였다. 사단은 창조자가 아니다. 그래서 그는 하나님이 창조하신 세계에 필적할 만한 다른 세계를 만들 수 없었다. 사단은 단지 하나님이 해놓으신 것을 파멸하기 위한 시도를 할 수 있을 뿐이었다.

횟태커 챔버스(Whittaker Chambers)는 "마귀"(The Devil)라는 논문에서 사단과의 가상적인 대화를 기술하고 있다. 거기서 사단은 자기가 어떤 방식으로 사람들을 꾀어서 이 세상을 파멸의 지경까지 몰아가는지를 이야기하면서 뽐내고 있다. 챔버스가 물었다. "그렇게 해서 네가 얻는 것이 도대체 무엇이냐?" 이에 대하여 사단은 다음과 같이 대답한다.

친구여, 너는 나의 비밀을 이해하지 못해. 그러나 수치를 모르는 내가 너에게 말 못할 이유가 없지. 마귀는 자식을 못 낳는다. 나는 창조하고자 하는 의지는 있지만 창조할 수 있는 능력은 없어. 따라서 나는 교만하고 질투심이 많아. 그리고 인간이 느낄 수 있을 만큼의 강한 질투심을 가지고 창조자와 그의 피조물을 증오한다. 나의 최고 걸작품은 타락시키는 것, 즉 창조자의 웅대한 설계를 교묘하게 혼란시키는 것, 질서를 혼돈으로 바꾸는 것, 생명을 죽음으로 바꾸는 거야. 그 이유는 …… 간단하지. 장인(匠人)들은 아는 것처럼, 불후의 작품은 그것이 크든 작든 간에 사랑 없이는 창조될 수 없거든. 그러나 나는 선을 행할 수 없듯이 사랑을 행할 수가 없지.[1]

챔버스는 핵심을 지적하고 있다. 타락시키는 것은 사단의 본질적인 역할이다. 사단은 천사의 능력을 가지고 있다. 즉 하나님의 능력이 아니라 단지 일개의 천사가 갖는 능력을 가지고 있을 뿐이다. 최종적으로 분석하자면, 사단이 갖고 있는 능력은 그가 타락하기 전에 하나님이 위임하셨던 능력이다. 마치 우리가 이 땅을 정복할 수 있는 힘을 잘못 사용할 때에도 그 능력을 우리에게서 빼앗아 가시지 않는 것처럼, 하나님께서는 타락한 천사들로부터 그들 천사의 능력을 빼앗지 않으셨다. 지금 그들은 피조물을 향한 하나님의 선한 목적을 이루어 가기보다는, 오히려 그 목적을 좌절시키기 위해서 그들의 능력을 사용한다.

사단이 왜곡시키는 또 한 가지는 능력의 개념이다. 그는 사람들을 속여서 잘못된 동기로 능력을 추구하거나 또는 잘못된 목적을 위해서 능력을 사용하도록 할 것이다. 이 때문에 권력은 타락한다는 말이 생겨난 것이다. 영적 능력도 마찬가지인 것 같다. 사단은 일부 사람들로 하여금 그리스도인의 삶을, 특히 교회 예배를 무언가 영적 능력이 크게 나타나야 하는 것으로 오해하도록 만드는 데 큰 성공을 거두어 왔다. 그리고 그 능력이 어디에서 오는지에 대해, 그 결과가 성경의 가르침과 조화를 이루는지에 대해 사람들은 의문을 제기하지 않는다. 다른 한편으로, 마귀는 또 사람들로 하여금 능력이 잘못 사용되는 것을 보고 충격을 받은 나머지 상대적으로 능력 없는 삶을 정상적인 삶으로 받아들이도록 한다.

부흥 운동은 종종 죄에 대한 자각으로 부들부들 떠는 것과 같은 진정한 능력의 증거들이 동반되었다. 그러나 사단은 대개 항상 이러한 외적인 현상을 모방하여 사람들의 관심을 이러한 현상에만 쏠리게 하고, 그 속의 진실한 영적인 일을 보지 못하도록 함으로써 부흥 운동을 와해시키려고 노력해 왔다.

그러한 극단을 피하기 위해 사람들은 아예 영적 능력의 역사에 관심을 두지 않는다. 그러나 그것 또한 사단의 작전에 걸려드는 것이다. 사실 능력 없는 교회는 사단의 목적을 돕는 경우가 많다. 영적 능력이 없는 교회를 근거로 놓고서 벌이는 논쟁은 불신자들을 가장 멀어지게 하는 첩경이다. 사단은 종교적 행위 그 자체에 대해서는 별로 염려하지 않는다. 사람들을 사단의 나라에서 하나님의 나라로 데려가지 않는 종교적 활동과, 사단의 속박 아래 있는 일부 하나님의 자녀들을 자유케 하지 못하는 종교적 활동은 사단에게 전혀 위협이 되지 않는다. 사실 그러한 능력 없는 활동은 오히려 사단의 목적을 돕는 것이 될 수 있다.

귀신들에 관한 모든 주제는 이것과 관련되어 있다. 인간의 모든 문제의 배후에 귀신의 활동이 있는 것으로 보고, 그래서 복잡한 인간의 상황에 대해 단순한 해답을 제시하려는 사람들이 있다. 정령숭배자들은 최대한도로 모든 문제의 원인을 영의 세계에 돌리며, 영들과 관련이 없는 곳에서도 영들을 발견한다. 우리 사회에서도 귀신을 쫓아냄으로써 모든 인간 문제를 해결하려고 하는 사람들이 있다. 예를 들면, 화를 내는 것도 귀신에 의한 것으로 간주된다. 따라서 만일 화를 내게 하는 귀신이 쫓겨나면 화도 사라질 것이라고 생각한다. 이런 사람들은 불행하게도 용서라는 보다 근본적인 문제를 무시한다. 그러나 그보다 훨씬 많은 사람들이 어떠한 원인도 영의 세계로 돌리지 않아 왔다. 그들은 인간의 문제를 분석할 때에 귀신이 관련되어 있다는 생각은 고려조차 하지 않는다. 루이스는 이것에 대하여 잘 말해 주고 있다.

악마에 대해 생각할 때 우리 인류가 빠지기 쉬운 두 가지 오류가 있습니다. 그 내용은 서로 정반대이지만 심각하기는 마찬가지인 오류들이지요. 하나는 악마의 존재를 믿지 않는 것입니다. 또 다른 하나는 악마를 믿되 불건전한 관심을 지나치게 많이 쏟는 것입니다. 악마들은 이 두 가지 오류를 똑같이 기뻐하며, 유물론자와 마술사를 가리지 않고 열렬히 환영합니다.[2]

두 가지 중 어느 쪽도 균형 잡힌 성경적 관점이라 할 수 없다. 이것이 내가 그리스도인의 삶은 균형을 유지하려고 노력하는 흥미진진한 과정이라고 말하는 이유다. 때때로 나는 이것을 균형을 유지하기 위한 흥미진진한 "투쟁"이라고 말한다. 왜냐하면 이것이 우리가 싸우고 있는 영적 전투의 일부라고 믿기 때문이다. 어떤 사람이 거기에 대해서 이런 식으로 말했다.

> 마귀는 항상 이 세상에 오류들을 보낼 때 정반대의 짝을 지어서 보낸다. 그래서 항상 우리가 어느 것이 더 나쁜지를 생각하는 데 많은 시간을 보내도록 부채질한다. 물론 우리는 그 이유를 안다. 사탄은 우리가 하나의 오류를 싫어하면 정반대의 것으로 이끌리는 우리의 성향을 알고 있기 때문이다. 우리는 목표를 바라보고 두 오류 사이를 똑바로 통과해야 한다. 그렇게 해야 두 오류 중 어느 것에도 빠지지 않게 된다.[3]

설상가상으로 사람들은 누구나 자신의 관점은 균형이 잡힌 것이라고 생각한다. 그러한 문제는 극단을 잘못 정의한 데서 발생한다. 한쪽 극단에 있는 사람에게는 중간이 다른 극단처럼 보인다. 그러므로 한쪽 방향만으로는 균형을 잡을 수 없다.

이것은 우리가 어떠한 문제에 있어서도 항상 한가운데 있어야 한다는 의미가 아니다. 왜냐하면 방금 말한 대로 양쪽 끝이 올바로 정의되지 않았을 수도 있기 때문이다. 또 모든 사람이 모든 문제에 있어서

| 선한 영적 능력과 악한 영적 능력 |

정확하게 똑같은 위치에 있어야 한다든가, 혹은 균형은 모든 사람이 맞추어야 할 틀이라고 말하는 것이 아니다. 그러나 많은 교회가 영적 능력이 나타나지 않는 데 익숙해 있어서, 어떤 영적 능력이 나타나면 그들은 매우 당황할 것이다. 따라서 균형 잡힌 견해가 오히려 극단으로 낙인찍히곤 한다.

우리가 살펴보아야 할 주제에 대한 시각을 제공하기 위해서 서론이 좀 길어진 듯하다. 이제, 그리스도인들이 영적 전투에서 승리하기 위해 무엇을 확신하고 있어야 하는지 살펴보기로 하자.

하나님의 역할 대 사단의 역할

우리는 이 영적 싸움의 주요 전투원으로서 한쪽 편에는 하나님, 거룩한 천사들, 신자들이 있고, 다른 편에는 사단, 타락한 천사들, 불신자들이 있는 것으로 규정했다. 그렇다면 이와 같은 질문이 제기될 수 있다. "어떤 근거로 그리스도인들이 사단 및 그의 군대와 맞붙는 전투에 참가한다고 추정하는가? 땅 위에 있는 그리스도인들의 개입 없이 하나님의 주권에 입각한 하나님과 사단의 싸움일 수 있지 않은가?"

어떤 면에서는 확실히 하나님과 사단이 주요 전투원이다. 그리고 하나님이 그의 주권적인 위치에서 통치하신다는 것도 사실이다. 그러나 구약 시대에 어떤 전투에서든지 이스라엘에 승리를 안겨 주신 분은 하나님이셨지만, 이스라엘의 군대가 장막 속에 가만히 앉아 있는데도 하나님이 승리를 주시지는 않았다(시편 44:3). 마찬가지로, 우리가 영적 전투를 할 때 하나님은 필요한 능력을 공급해 주시는 분이다. 그러나 이스라엘의 믿음과 순종을 떠나서는 그들에게 능력을 공급해 주시지 않았다. 오늘날도 하나님은 우리의 믿음과 순종을 떠나서는 능력을 공급해 주시지 않는다.

이스라엘은 항상 어떠한 형태로든 적과 대결해야 했다. 동일하게, 오늘날 영적 싸움에서 우리에게 승리를 안겨 주는 것은 하나님의 능력이다. 그러나 하나님은 거의 항상 그의 자녀인 우리에게 전투에서 필요한 것을 주신다. 우리 편에서의 능동적인 믿음과 용기 있는 순종 없이 적으로부터의 보호를 기대할 수는 없다.

하나님의 선교전략

구약 시대에 하나님의 전략은 그의 특별한 나라 이스라엘을 다른 나라들 가운데 두고, 이스라엘을 통해서 이방에게 하나님의 영광을 나타내는 것이었다. 이러한 방법으로 하나님은 자신을 이방에 드러내고자 하셨다. 그러나 신약 시대에는 그 전략이 변한다. 하나님은 이제 모든 민족 가운데 교회가 세워져서, 사람들을 그에게 이끌어 가는 수단으로서의 교회를 통해 모든 민족에게 그의 진리가 선포되고 그의 영광이 나타나도록 정하셨다. 그러므로 교회는 자기 지역에서 하나님의 증인이 되어야 할 뿐 아니라, 처음부터 선교에 초점을 두고 있어야 한다. 즉 기도와 적극적인 선교사 파송을 통해서 교회가 존재하지 않는 나라와 백성에게 가서 교회를 개척하는 사역에 동참해야 한다.

"모든 족속으로 제자를 삼으라"(마태복음 28:19)는 명령이 그것이다. 이것은 마치 지휘관이 적에게 잡힌 아군 포로들을 구출해 오라고 그의 부대에 명령을 내리는 것과 같다. 그렇게 하기 위해서는 그 포로들을 붙잡고 있는 적을 이길 수 있는 힘이 필요하다. 2차 세계대전 중 내가 복무하던 부대는 많은 포로와 강제 노역자들을 해방시켰다. 그렇게 하기 위하여 우리는 그들을 붙잡고 있는 부대를 이겨야 했다. 만일 적들이 그들의 영역이 침공 당하도록 내버려두고, 또 아무런 저항도 없이 포로들을 풀어줄 것이라고 가정했다면, 그것은 어리석은 생각이었을 것이다.

영적 세력과 대결하는 것은 하나님께서 교회에 주신 명령을 준행하는 것이다. 그것은 이스라엘 백성이 약속된 땅을 점령하라는 하나님의 명령을 수행했고, 2차 세계대전 때 연합군이 적의 점령지를 탈환하라는 명령을 그대로 수행한 것과 같은 것이다. 나도 이전에는 적과 직접적으로 대결하는 사람들은 오로지 해외에 나가 있는 선교사들뿐이라고 생각했다. 순종하는 모든 신자들이 어떻게 이 전쟁에 참여하게 되는지는 나중에 살펴보게 될 것이다.

지상명령 배후에 있는 영적 권세

적의 영토를 침공하는 것은 개인의 주도 아래 이루어지는 것이 아니다. 그것은 하나님 나라에서 궁극적인 권세를 가지고 계시는 분의 명령 아래 이루어진다. 그래서 예수께서 교회에 지상명령을 주실 때, "하늘과 땅의 모든 권세를 내게 주셨으니"(마태복음 28:18)라고 먼저 말씀하셨다. 예수께서 우리에게 이 전쟁터로 가라고 명령하실 수 있는 것은 그에게 그러한 권세가 있기 때문이다. 그리고 바울은 우리의 싸움은 인간에 대한 것이 아니라 영적 세력에 대한 것임을 분명히 밝히고 있다(에베소서 6:12). 인간적인 차원이 항상 연관되어 있지만, 모든 영적 싸움은 우리와 영적 세력의 대결이다. 매우 많은 교회에서 매우 적은 수의 포로만을 해방시키는 것은 그들이 잘못된 적과 싸우고 있거나 혹은 잘못된 무기를 사용하고 있기 때문이다.

　　해방신학을 신봉하는 사람들은 이러한 오류에 빠져 있다. 그들은 사회적 혹은 정치적 구조가 귀신적이라고 말한다. 그러고 나서 그들은 이러한 구조를 허물어뜨리기 위해서는 사회적, 정치적 그리고 군사적 행동까지 취해야 한다고 말한다. 만약 이 구조들이 귀신적이라면, 그것은 세상의 무기가 아니라 영적 무기로 무너뜨려야 될 것이다. 사실 어떤 구조들은 바뀌어야 한다. 그러나 선한 구조가 나쁜 사람들을 좋게 만들지는 못하지만, 선한 사람들은 나쁜 구조조차도 변화시킬 수 있다. 그렇다면 근본적으로 구조를 변화시키는 것이 아니라, 어떠한 환경도 극복하고 일어설 수 있게 하는 능력을 만나도록 사람들을 인도해야 한다. 공산 정권 아래에서의 중국 교회가 이에 대한 좋은 실례다. 억압적인 정치구조를 무너뜨리지 않고서도 역사상 가장 위대한 부흥 운동이 중국에서 일

| 선한 영적 능력과 악한 영적 능력 |

어났다. 즉, 강력한 교회가 그 제도에도 불구하고 존재하고 있다.

　　이것은 우리가 정의를 실현하기 위해서 노력하지 말아야 된다는 것이 아니다. 귀신의 세력이 중국 공산정권과 같은 제도 안이나 제도를 움직이는 사람들 안에 있든지 아니면 우리를 개인적으로 공격하는 것이든지 간에, 육신이나 세상의 무기가 아니라 하나님의 능력으로 그들을 이겨야 한다는 것이다.

　　그렇다면 하나님의 능력은 이 전쟁에서 승리하기 위해 필수적인 것이다. 참으로 신자들에게 다른 근원은 없다. 우리는 우리 자신 안에 어떠한 능력도 갖고 있지 않다. 하나님이 우리 안에 살아 계시고 우리를 통해서 일하실 때 우리는 적의 모든 공격을 이길 수 있는 힘을 가지게 된다. 하나님의 능력은 선하며, 따라서 두려워하거나 피해야 할 것이 아니다.

토론 문제

1. 하나님께서 선한 목적으로 창조하신 것을 사단이 어떤 방법으로 왜곡시켜서 악한 것으로 만들어 버리는지 탐구해 보라. 그리고 그러한 예를 열거해 보라.

2. 우리 사회에 나타나는 귀신들의 활동에 대해서 극단적인 견해들을 가진 사람들은 어떤 식으로 말하는가?

3. 예수께서 "하늘과 땅의 모든 권세를"(마태복음 28:18) 갖고 계시다는 사실이 왜 중요한가? 그것과 지상명령은 어떤 특별한 관계가 있는가?

4. 오늘날 세상으로 하나님의 능력이 흘러나가도록 하기 위해서 우리는 어떻게 더욱 효과적으로 영적 통로를 열어 놓을 수 있는가?

5

___

십자가의 능력

2차 세계대전 당시 내가 복무하던 부대는 루르(Ruhr) 지역에서 적을 "소탕"하라는 명령을 받았다. 주요 전선들이 동쪽으로 상당히 이동해 있었고, 전쟁의 승패는 거의 판가름 난 상태였다. 임무 수행 중에 부딪힌 저항을 격퇴할 수 있는 우리의 능력에 대해서도 전혀 의심할 여지가 없었다. 그러나 그것은 여전히 전쟁이었다. 진짜 총과 진짜 탄환이 사용되고 있었고, 사람들이 다치며 죽어가고 있었다. 그러나 우리는 적이 군사적으로 우세한 우리를 위협할 만한 공격을 감행하리라는 두려움은 갖고 있지 않았다.

우리가 개입되어 있는 영적 전투에서도 이것을 적용해 볼 수 있다. 즉, 결과는 의심의 여지가 없다는 것이다. 결정적인 전투가 십자가에서 이미 치러졌고 승리로 끝이 났다. 사단 및 그의 세력과의 전투에서 교회가 사용할 수 있는 능력의 표시로서 부활이 즉시 뒤따랐다(에베소서 1:19, 20). 이 승리는 예수가 십자가 위에서 "다 이루었다"(요한복음 19:30)고 외치셨을 때, 그의 마음속에 있었던 것이다. 이 승리에 대해서는 바울도 골로새서 2장 15절에서 "정사와 권세를 벗어버려 밝히 드러내시고 십자가로 승리하셨느니라"고 분명하게 말하고 있다.

하나님의 섭리 가운데 예수는 "창세 이후로 죽임을 당한 어린 양"(요한계시록 13:8)이었다. 하나님의 영원성 안에서 사단이 하나님의 통제 밖에 있던 때는 한 번도 없었다. 그러나 사람들이 보는 시간의 관점에서 볼 때, 중대한 일이 십자가 위에서 일어났다. 십자가 사건 이전에 우리는 모형과 "그림자"(골로새서 2:16, 히브리서 8:5, 10:1)에 입각하여 움직였다. 그러나 그리스도의 성육신과 죽음 이래로, 우리는 역사적인 사실에 입각하여 움직인다. 갈보리 사건 이전에는 무엇인가 의문의 여지가 있었다 하더라도 지금은 확실히 의문의 여지가 없다. 하나님은 그리스도로 하여금 십자가 위에서 우리를 위해 죄가 되게 하셨다(고린도후서 5:21). 그래서 사단은 죽음이라는 형벌을 그리스도에게 요구할 수 있었다. 물론 그 역할은 예수 자신이 선택한 것이지, 강요받은 것은 아니다(요한복음 10:17, 18). 그러나 하나님은 사단이 할 수 있는 최악을 취하셔서 그것을 승리로 바꾸실 수 있다는 것을 나타내기 위해 그 사건을 사용하셨다. 십자가는 사단에게는 승리를 의미하고 하나님에게는 패배를 의미하도록 되어 있었으나, 오히려 이제 그리스도인의 승리의 상징이 되어 버렸다. 거기서 적이 단번에 패했기 때문에 그것은 자랑스럽게 전시되어 있다.

사단에 대한 사형판결이 이미 선고되었으나 아직 최종적으로 집행되지 않았을 뿐이다. 예수께서는 "영영한 불"이 "마귀와 그 사자들을 위하여 예비되어"(마태복음 25:41) 있다고 우리에게 분명히 말씀해 주신다. 요한계시록에서는 언젠가 마귀가 "불과 유황 못에 던지우게"(요한계시록 20:10) 될 것이라고 하였다.

　히브리서 기자는 십자가 위에서 일어난 일에 대하여 이런 식으로 말했다.

> 자녀들은 혈육에 함께 속하였으매 그도 또한 한 모양으로 혈육에 함께 속하심은 사망으로 말미암아 사망의 세력을 잡은 자 곧 마귀를 없이 하시며 또 죽기를 무서워하므로 일생에 매여 종노릇하는 모든 자들을 놓아주려 하심이니(2:14, 15).

　요한계시록 12장에서 우리는 하늘에 있었던 전쟁에 관하여 읽는다. 여기서 멸하는 때를 어떻게 해석하든지 간에 그리스도의 승리의 사실이 다시 한 번 기록된다. 그리고 지구의 거민들에 대한 메시지는 다음과 같다(12절).

> 그러나 땅과 바다는 화 있을진저
> 　이는 마귀가
> 자기의 때가 얼마 못 된 줄을 알므로
> 　크게 분 내어 너희에게 내려갔음이라.

　사단은 자신이 패했다는 것을 안다. 사단은 자신의 시간이 한정

되어 있다는 것도 안다. 우리는 앞 절에서 지상의 사람들이 "어린양의 피와 자기의 증거하는 말을 인하여 저를 이기었다"(11절)는 말씀을 듣게 된다. 적은 두 가지 근거를 가지고 우리를 공격한다. 그 중 하나는 우리의 죄다. 그러나 그리스도는 십자가를 통해서 우리의 모든 죄를 용서하시고 깨끗케 해주셨다. 만일 우리가 우리 죄와 그 죄에 대한 하나님의 구제책을 받아들인다면, 사단은 더 이상 죄책감을 통해서 우리를 속박할 수 없다.

또 다른 근거는 자아(自我)다. 사단의 목적은 항상 우리로 하여금 하나님 중심적이 아니라 자기 중심적이 되도록 하는 것이다. 그러나 자아 또한 그리스도와 함께 십자가로 가야 한다. 그리고 하나님의 자녀들은 "죽기까지 자기 생명을 아끼지 아니한다"(요한계시록 12:11). 따라서 내가 만약 그리스도와 함께 십자가에 못 박혔고(갈라디아서 2:20), 또 나의 자아를 십자가로 보내어 옛 성품의 요구에 대하여 죽은 것으로 간주한다면, 십자가는 나를 승리로 이끌 것이다. 그러므로 이제 믿음으로 그 승리를 취하는 일만 남게 된다. 그것이 바로 바울이 "내게는 우리 주 예수 그리스도의 십자가 외에 결코 자랑할 것이 없으니 그리스도로 말미암아 세상이 나를 대하여 십자가에 못 박히고 내가 또한 세상을 대하여 그러하니라"(갈라디아서 6:14)고 말한 이유다.

메노나이트 교파의 인류학자요 선교학자인 도널드 제이콥스(Donald Jacobs)는 귀신론과 승리적 속죄관이 현대 선교의 역사에서 주목받지 못했기 때문에, 그리스도의 목적에 큰 피해를 입혀 왔다고 말한다.[1] 또 1975년 노트르담 대학에서 열린 기독교의료협회(Christian Medical Society)의 귀신론에 관한 심포지엄에서 존 뉴포트(John Newport)는 다음과 같은 소논문을 발표했다.

> 다행히도 …… 승리적 속죄관이 원래 의미를 회복하고 있다. 희생적, 대속적, 화해적, 구속적 관점의 속죄론은 모두 타당성을 가지고 있다. 그러나 승리적 속죄론도 적절한 자리를 찾아야 한다. 신약 성경의 많은 부분이 …… 사단과 귀신들의 능력에 관련된 것이며, 따라서 이 승리적 속죄관은 매우 중요한 것으로 간주되어야 한다.[2]

뉴포트는 조지 래드(George Ladd)가 골로새서 2장 15절을 해석한 것을 인용하며 다음과 같이 말한다.

> 래드(Ladd)는 이 구절이 그리스도께서 그 영적 군대를 무장 해제시켜서 계급장을 떼어내고 그들의 무기를 빼앗아 버린 것을 의미한다고 이해한다. 그리하여 이 구절은 그리스도께서 자신의 죽음을 통해서 그 우주적 군대에 대하여 승리를 거두심으로써 자신의 적을 이기셨다고 진술하는 것이다.[3]

십자가에 대한 이러한 관점은 적군에 대하여 능력을 행사할 수 있는 중요한 토대를 마련해 준다. 이 승리를 쟁취하고 부활을 통해 승리를 확인하신 그리스도가 바로 "하늘과 땅의 모든 권세를 내게 주셨으니

그러므로 너희는 가서 모든 족속으로 제자를 삼으라"(마태복음 28:18)
고 말씀하신 분이다. 우리는 이 명령에 의해서, 십자가 위에서 얻은 승
리를 세상에서 교회를 세우는 사역과 우리의 일상생활에서 주장하도록
위임받았다. 참호를 둘러싼 악의 군대를 대면하게 되었을 때 승리를 주
장하지 못했기 때문에, 지금 세상 곳곳에서 교회를 괴롭히고 있는 혼합
주의라는 커다란 문제에 우리는 큰 공헌을 한 꼴이 되어 버렸다.

　　그리고 오늘날 많은 교회가 십자가에 관한 이 중요한 진리와 십
자가가 제공해 주는 승리는 놓쳐 버렸다. 우리의 세계관이 세속화되면
서, 영적 전투가 실제로 존재한다는 생각은 우리에게서 사라져 버렸다.
동료들의 비웃음을 감수하기보다는 차라리 귀신들을 이론과 신학의 영
역에 남겨놓은 것으로 만족하면서, 우리는 가능한 한 귀신의 세계와 관
계를 갖지 않으려고 노력한다. 귀신들을 매일의 삶으로 끌어들이는 것은
사람들의 조롱을 무릅쓰는 일이 될 것이다. 사실 우리 대부분이 그 조롱
을 피하려 하며, 우리 중의 극소수만이 그것을 감당하고 있다.

세상, 육신, 마귀

　　어떤 사람들은 인용된 구절들 중 몇몇은 귀신에 대하여 말하지
않는다고 지적하려 할 것이다. 그 구절들은 세상이나 육신에 관하여 말
하고 있다. 그러면 어떻게 그러한 구절들을 영적 전투와 관련하여 살펴
보아야 한다고 말할 수 있겠는가?

여기에 우리의 세계관이 다시 한 번 가로막고 있다. 우리는 모든 것을 분석하여 그것들을 각각의 정돈된 틀 안에 집어넣으려는 경향이 강하다. 그래서 우리는 다음과 같이 질문한다. "당신은 그것이 세상인지 육신인지 마귀인지 어떻게 아는가?" 그에 대해 나는 대부분의 상황이 어느 정도까지는 각각의 요소를 다 가지고 있다고 대답한다. 바울이 에베소서 2장에서 악의 이 세 가지 측면을 어떻게 다루는지 주목해 보자.

> 너희의 허물과 죄로 죽었던 너희를 살리셨도다 그때에 너희가 그 가운데서 행하여 이 세상 풍습을 좇고 공중의 권세 잡은 자(마귀)를 따랐으니 곧 지금 불순종의 아들들 가운데서 역사하는 영이라 전에는 우리도 다 그 가운데서 우리 육체의 욕심을 따라 지내며 육체와 마음의 원하는 것을 하여 다른 이들과 같이 본질상 진노의 자녀이었더니(에베소서 2:1-3).

여기서 세 가지 요소는 매우 밀접하게 함께 작용하고 있기 때문에, 하나에 대하여 말하면 또 다른 하나에 대하여 말하지 않을 수 없다. 육신은 세속적인 속성으로 유혹에 대하여 반응하게 한다. 세상은 우리가 사는 환경으로 "공중의 권세 잡은 자"의 통제 아래 있다. 사단과 그의 귀신들은 우리의 육신이 얼마나 연약한지 알고 있으며, 우리 안에 죄악된 생각을 심어주기 위해 우리 주위에 있는 세상의 자극을 사용한다. 마귀가 그의 목적대로 우리를 파괴하려 할 때 세상과 육신을 이용하지 않는다면, 그는 바보일 것이다. 마귀가 이 모든 관계 속에서 일하고 있다는 것을 살펴보기 위해 굳이 성경을 펼쳐볼 필요도 없다.

그리스도 안에서의 우리의 지위

승리가 보장된 우리의 지위와 관련해서 볼 수 있는 또 다른 요소가 있다. 그것은 우리가 하나님의 가족이 된 결과로서 갖게 된 하나님과의 관계다. 이 새로운 관계는 출생의 비유를 통해서 설명된다. 갈라디아서(4:4-7)와 에베소서(1:5)에서 바울은 양자의 비유를 들어 이 새로운 관계를 쉽게 설명한다. 그는 우리가 본래 노예였으나 하나님이 우리를 양자로 들여서 "아들의 명분"(갈라디아서 4:5)을 주셨다고 말한다. 이 비유는 많은 의미를 가지고 있다. 내게는 네 자녀가 있는데 그 중 둘은 입양한 자녀다. 나는 그들의 잉태나 출생과는 아무런 관계가 없다. 그렇지만 오늘날 그들의 출생증명서에는 내가 그들의 아버지로 되어 있다. 솔직하게 말해서, 그들의 출생증명서가 도착했을 때 나는 깜짝 놀랐다. 나는 양자를 삼는다는 것이 그 정도까지인 줄 몰랐다.

에베소서 1장 15절에서부터 시작되는 바울의 기도에는 그러한 사상이 깔려 있다. 그 기도에는 이들 영적으로 어린 그리스도인들이 "성도 안에서 그 기업의 영광의 풍성이 무엇인지"(18절) 알도록 해달라는 간구가 들어 있다. 사실 그들은 자신을 죄인보다는 성도로, 평민보다는 왕자나 공주로 생각할 필요가 있었다. 그들은 그들이 양아버지가 갖고 있는 자원을 사용할 수 있다는 것을 인식할 필요가 있었다. 더 이상 하나님은 미리 약속을 해야 만날 수 있는, 먼 곳에 있는 왕이 아니었다. 그는 그들의 아버지였다. 그리고 그들이 원하면 언제나 보좌가 있는 방에 들어가서 그를 만나 대화할 수 있게 되었다.

내가 우리 큰아이 둘을 딸과 아들로 양자 삼을 때 판사 앞으로 갔다. 판사는 내게 "당신은 이 아이들이 당신과 당신 아내 사이에서 태어나게 될 아이들과 동일한 상속권자라는 것을 인정하겠습니까?" 하고 물었다. 나는 즉각 "예, 그리고 나는 그 사실을 기쁘게 받아들입니다"라고 대답했다. 그래서 두 아이는 후에 우리 부부 사이에서 태어난 두 아이와 마찬가지로 내 성을 갖고 내 재산에 대해 동일한 권리를 갖고 있다. 우리가 하나님의 가족으로 입양될 때도 하나님과 그런 관계를 갖는 것이다. 바울은 우리가 하나님의 자녀이기 때문에 "하나님의 후사요 그리스도와 함께 한 후사"(로마서 8:17)라고 분명히 말한다.

사단이 우리를 공격할 때 바로 우리가 하늘 아버지와 맺은 이 새로운 관계의 의미를 이해하지 못하게 하는 전술을 사용한다. 사단이 우리를 요구할 수 있는 권리는 십자가에서 완전히 말소되었다. 내 아들과 딸의 출생증명서에는 그들의 친아버지에 대한 언급은 전혀 없었으며 내가 그들의 아버지로 기록되어 있다. 이와 마찬가지로 우리는 영적으로 하나님만의 자녀다. 사단은 더 이상 우리에 대해 아무런 권리도 갖고 있지 않다. 사실 나는 하나님의 자원을 갖고서, 다시 나를 속박하려고 하는 적을 대항하여 이길 수 있다.

상속자가 된다는 것은 단지 미래에 상속받을 것이 있다는 의미만은 아니다. 가족관계는 그 관계가 이루어진 순간부터 독특한 특권을 부여한다. 마찬가지로 우리는 하나님의 가족에 들지 못한 사람이 할 수 없는 것을 하나님의 이름으로 행할 수 있다. 스게와의 일곱 아들은 이 진리의 부정적인 면을 어렵게 터득했다. 먼저 그리스도를 믿음으로 말미암아 하나님의 자녀가 되지 않고 단지 귀신들을 쫓아내기 위해서 예수의 이름을 사용했을 때, 오히려 그들은 귀신들에게 조롱을 당하였다(사도행전 19:13-16).

하나님과의 가족관계라는 이 개념은 누가복음 10장에서 예수와 72인 사이에 주고받은 대화를 통해서도 발견된다. 그들은 현장실습 사역의 임무를 받고 나가 있었다. 그리고 맡은 사역을 잘 감당했다. 그들은 예수께로 돌아오자마자, 흥분해서 자기들의 업적을 보고했다. "주여, 주의 이름으로 귀신들도 우리에게 항복하더이다." 예수께서는 다음과 같이 대답하셨다.

> 사단이 하늘로서 번개같이 떨어지는 것을 내가 보았노라 내가 너희에게 뱀과 전갈을 밟으며 원수의 모든 능력을 제어할 권세를 주었으니 너희를 해할 자가 결단코 없으리라 그러나 귀신들이 너희에게 항복하는 것으로 기뻐하지 말고 너희의 이름이 하늘에 기록된 것으로 기뻐하라(누가복음 10:18-20).

나는 사실 예수께서 그들에게 이렇게 말씀하셨다고 믿는다. "그래, 너희들은 내가 갖고 있는 것과 똑같은, 귀신을 쫓는 권세를 갖고 있다. 그렇다고 너희가 무슨 탁월한 존재인양, 모두들 흥분하지 말아라. 오히려 하나님의 자녀인 것을 기뻐하라. 권세도 그 관계에서 나온 것이기 때문이다." 마귀를 대적하는 힘은 소수의 특별한 신자들에게만 주는 은사가 아니다. 그것은 모든 하나님의 자녀에게 주시는 특권이며 책임이다. 이것이 바로 야고보가 "너희는 하나님께 순복할지어다 마귀를 대적하라 그리하면 너희를 피하리라"(야고보서 4:7)고 말한 이유다.

많은 사람들이 "그리스도 안에서" 자기가 누구인지를 분명히 알지 못하기 때문에 그들의 삶을 속박 당하는 영역에서 고전한다. 그들은 자신의 정체를 주님과의 관계에서 찾으려 하기보다는 다른 사람들과의 관계에서 찾으려 한다. 그들은 하나님의 진리에 입각해서 살기보다는 오히려 사단의 거짓말에 끌려서 그것에 매여 살고 있다. 사단의 거짓말은 매우 교묘하기 때문에 사람들은 그것이 사단이 주는 것인지 잘 알지 못한다. 우리가 그 거짓말에 속아서 살아가는 것을 볼 때 사단에게 어느 정도나 속박되어 있는지 알 수 있다. 그리스도 안에 우리의 승리가 있다는 사실이 우리가 매일의 삶에서 승리를 주장할 수 있는 출발점이다.

그렇다. 전쟁의 결과는 이미 결정되었다. 하나님은 책의 결말을 읽을 수 있도록 해주셨다. 그러나 전투는 계속되고 있다. 우리는 우리가 승리를 주장할 수 있는 근거를 분명히 알고 있어야 한다. 이러한 사실에 관하여 좀 더 실제적인 도움을 얻고자 한다면 닐 앤더슨의 책「내가 누구인지 이제 알았습니다」(Victory over the Darkness, 죠이선교회 역간)와 「이제 자유입니다」(The Bondage Breaker, 죠이선교회 역간)를 보라.

성령의 사역

십자가는 우리가 이 전쟁에서 이기는 데 필요한 모든 능력을 제공해 준다. 그러나 그 능력을 우리의 삶에서 효과적으로 만드는 것은 성령의 사역이다. 십자가는 적을 패배시켰으며 그리스도인들이 영적인 삶을 살 수 있는 기초를 마련했다. 반면에 성령은 그 생명이다. 그가 우리 안에 거할 때 우리는 생명을 갖는다. 즉 그가 우리 안에 거하지 않으실 때 우리는 영적인 죽음 가운데 있게 된다.

회심하는 순간에 우리는 성령을 받는다. 성령께서 우리에게 세례를 주셔서 그리스도의 몸, 교회가 되게 하셨다(고린도전서 12:13). 그의 임재를 떠나서 우리는 "그리스도의 사람이 아니다"(로마서 8:9). 문제는 우리가 우리의 삶을 누군가에게 맡기기를 꺼려하며, 심지어는 성령께도 맡기기를 꺼려한다는 것이다. 우리는 그가 가져다줄 수 있는 "축복"을 원하면서 자기 삶의 주도권을 내어놓으려 하지 않을 수 있다. 이상하게 들릴지 모르지만, 우리가 삶에서 성령의 활동을 제한할 수 있기 때문에 성령은 자신이 하고 싶어하는 것을 할 수 없다. 그래서 우리가 "하나님의 성령을 근심하게"(에베소서 4:30) 할 수 있는 것이다. 영이 무엇이며 그리고 어떻게 그 영들이 일상생활에 관련될 수 있는가에 대한 명확한 인식이 없을 때에 더욱 그렇다.

한편, 성령으로 충만해진다는 것은 머리부터 발끝까지 성령으로 가득 채워진다는 뜻이 아니다. 그것은 삶의 모든 영역에서 그의 인도를 받는 것이다. 이것은 우리는 가만히 있고 성령께서 무엇을 한다는 것이 아니다. 오히려 우리의 의지와 하나님의 의지가 합하는 것이다. 그것은 믿음과 순종으로 하나님에게 응답하는 것으로서, 믿음은 하나님의 약속을 능동적으로 취하여 자기 것으로 삼는 것이며, 순종은 "성령을 좇아" (로마서 8:1-4, 갈라디아서 5:25) 행하는 것이다.

내 말의 요지는, 우리가 영적 전투에 의기양양하게 나아가기 위해서 어떤 특별하고 새로운 체험을 필요로 하지 않는다는 것이다. 우리는 단지 우리 안에 누가 거하고 있으며, 그리고 우리의 믿음과 순종이 따른다면 그가 무엇을 할 수 있는가를 깨닫기만 하면 된다.

그 예로 선교사 소명에 대해 생각해 보자. 하나님이 어떤 사람에게 타문화권에 가서 선교사로 사역하라고 말씀하셨다고 하자. 그러나 그 사람이 그 인도하심에 저항할 수도 있다. 당분간 갈등이 계속된다. 그러고 나서 항복할 때 모든 감정이 풀려 나온다. 그 사람은 그 감정적 체험을 "소명"이라고 부른다. 진짜 부르심은 항복하기 오래 전에 있었다. 만일 주권(Lordship)의 문제를 처음부터 인정했더라면 극한 감정적 체험은 없었을 것이다. 주권을 인정한다는 것은 하나님께 이렇게 말씀드리는 것을 의미한다. "하나님이 말씀하신 것은 무엇이든 하겠습니다. 그것이 위험부담이 큰 지역에서의 사역이라 할지라도, 나는 하나님의 생각은 정확하며 그것을 할 수 있는 능력도 주실 줄 믿습니다." 그러나 우리는 표현은 다르게 하더라도 다음과 같은 태도를 자주 취한다. "제가 무엇을 하기 원하시는지 보여주십시오. 그러면 제가 그것을 할지 안 할지를 결정하겠습니다." 그것은 극한 경험을 향하여 나아가는 태도다.

이와 비슷하게, 성령은 우리를 그리스도 안에서 새로운 피조물로 만드신 이래 내내 거기에 계셨다. 그는 우리를 위한 그의 계획을 수행할 준비가 되어 있으셨다. 그러나 우리는 그가 수행하시도록 할 준비가 되어 있지 않았다. 우리의 잘못된 믿음과 자기 중심적인 욕심이 한편에 있고, 성령께서 다른 한편에 있었다. 이 둘 사이의 갈등은 결국 감정이 풀어지는 큰 경험과, 그리고 성령의 능력이 나타나는 역사를 수반하는 결단의 지점에 이르도록 한다. 그러나 만일 갈등이 없었다면 감정적 체험은 일어나지 않았을 것이고 능력의 역사는 훨씬 일찍 나타났을 수도 있다. 만일 우리가 좀 더 제대로 교육을 받았더라면, 그리고 만약 우리가 회심과 성화의 과정에서 보다 일찍 온전하고 사려 깊은 실행을 할 준비가 되어 있었다면, 극한 경험은 하지 않았을 것이다.

여기서 문제가 될 수 있는 것은 감정적 체험을 좋아하여 정규적으로 그러한 체험을 창출하려고 노력하는 사람이 있다는 것이다. 그런데 사단은 이러한 점을 이용하려고 할 것이다. 감정은 우리의 삶에서 매우 실제적이고 중요한 부분이다. 그리고 우리는 어떻게 이 감정을 소화하면서 살아야 하는지 배워야 한다. 그러나 감정이 진리나 영적 성숙, 혹은 심지어 진정한 예배의 표준이 되어서는 안 된다.

궁극적으로 이 모든 것에 있어서 주연 배우는 하나님이시라는 것을 깨달아야 한다. 우리의 적에 대하여 승리를 쟁취하는 것은 내가 하는 일이라기보다는 대리자인 나를 통해서 하나님이 하시는 일이다. 그러나 하나님은 이스라엘이 순종의 발걸음을 내딛기 전까지는 어떤 행동도 취하시지 않았다. 이와 같이 우리가 그의 말씀 안에서 그리고 성령의 인도하심을 통하여 우리에게 보여주신 것을 순종하여 움직일 때까지 하나님은 우리의 영적 싸움에서 역사하시지 않는다.

사도행전 1장 8절은 우리의 삶에서 성령의 사역과 영적 능력의 역사 사이에는 절대적인 관계가 있다는 것을 명백히 보여준다. 이 구절은 때때로 지상명령의 형태로 우리에게 제시된다. 그리고 어떤 면에서 그것은 옳다. 그러나 그것은 실제로 명령이라기보다는 하나의 선언으로서, 성령이 우리에게 임하실 때 우리가 능력을 받고 땅 끝까지 이르러 증인이 될 것이라는 하나의 사실을 진술한 것이다. 모든 나라 가운데 그리스도의 증인이 되도록 우리에게 능력을 주는 것은 성령의 기능이다. 우리는 그 목적을 수행함에 있어서 그와 협력할 수도 있고, 아니면 그에게 저항함으로써 그를 슬프게 할 수도 있다.

많은 그리스도인이 그리스도 안에서 새로운 삶을 생각하지 않고 오히려 하나님의 자녀로서의 특권에 훨씬 못 미치는 삶을 산다. 그들은 성공이나 "좋은 삶"에 대한 표준을 성령보다는 세상으로부터 취하며, 다른 사람을 섬기는 삶 대신에 자기 중심적인 삶을 산다. 이것은 명백히 그들을 통해서 성령의 능력이 흐르는 것을 막는 것이다. 그렇지만 그들의 삶에 성령께서 계시지 않은 것은 아니다.

만일 내가 "그리스도 안에" 있다면, **나는 그리스도의 승리에 참여하고 있는 것이다.** 이것은 진리다. 처음에는 부분적으로 참여하다가

점차적으로 전적으로 참여하는 것이 아니다. 나는 완전히 "새로운 피조물"이다. 내가 새로운 피조물이라는 사실보다 나를 하나님 앞에서 더욱 의롭게 만들 만한 것은 없다. 만일 내가 그 사실을 믿지 않으면 나는 끝내 연약한 믿음을 가지고 살아가게 될 것이다. 그래서 성령이 내 안에 계셔서 나에게 새로운 삶을 주셨지만, 그의 능력이 나를 통해서 흘러나가지 못하는 것은 단지 내가 그를 신뢰하지 않기 때문이다.

결론

오늘날 교회는 그리스도의 승리와 성령의 능력에 대한 진리를 이론과 신앙고백 차원을 넘어 실제적인 경험 안으로 가져와야 한다. 우리는 귀신들이 언급될 때 두려움에 휩싸이지 말고, 사실 그대로 귀신들을 패배한 적으로 대해야 한다. 우리는 이러한 주제를 연구라도 하는 날에는 무엇인가 두려운 일이 일어날 것이라고 속삭이는 사단의 속임수에 넘어가곤 했다. 그러나 그렇지 않다. 우리가 그리스도 안에서의 승리를 더 알수록, 그리고 패배한 적에 대하여 더 알수록, 우리가 피할 수 없는 영적 싸움에서 더욱 확신을 가지고 승리하게 될 것이다. 얼마 전에 내가 제자 훈련시킨 한 사람이 내게 이렇게 말했다. "나는 사단이나 귀신과 같은 주제는 되도록 내버려두는 것이 가장 좋다고 생각하는 복음주의 교회에서 자랐습니다. 그 영역에 대하여 연구하는 것은 단지 문제만 일으킬 뿐이라고 생각했습니다. 그런데 전혀 그렇지 않다는 것을 알았습니다. 내가 그리스도와 동행하는 삶에 있어서 지금처럼 확신에 찬 적은 없었습니다." 아멘!

토론 문제

1. 승리를 쟁취하기 위해서 싸우는 전투와 이미 승리가 보장된 가운데 싸우는 전투는 어떤 차이가 있는지 생각해 보라. 영적인 적과 싸우는 데 십자가와 부활이 어떤 관련이 있는가?

2. 우리 삶에서 세상과 육신, 그리고 귀신이 사단의 목적을 이루기 위해 어떻게 상호작용하고 있는지를 그림으로 설명해 보라.

3. 입양이라는 주제를 토론해 보라. 우리가 하나님의 가족으로 입양되었다는 것이 어떤 의미를 갖는지 생각해 보라. 하나님의 아들인 예수 그리스도와의 가족관계는 어떠한가?

4. 성경은 성령께서 우리 안에 내주하면서 무슨 일을 하신다고 말하고 있는가?

6

영적 권위

    해외 십자군(Overseas Crusades) 선교회에서 오랫동안 지도자로 일해 온 딕 힐리스(Dick Hillis)가 중국에서 비교적 신참 선교사였을 때, 한 젊은 중국 군인이 찾아와서 그에게 물었다. "당신이 믿는 그리스도는 모든 영역에서 능력이 있습니까?"

    "물론 그렇지요." 힐리스는 조금도 주저하지 않고 대답했다.

    "좋습니다. 내 아내를 뜰에 데려다 놓았는데 지금 귀신들려 있습니다. 두 번이나 귀신은 아내에게 자살하라고 명령했습니다. 그래서 한 번은 목을 매고 또 한 번은 근처의 못에 뛰어들었습니다. 두 번 다 귀신의 말에 따랐는데 내가 구했습니다. 그러나 지금 나는 부대로 돌아가야 하는데 어떻게 해야 할지 모르겠습니다. 그리스도가 귀신들린 사람을 치유할 수 있다는 말을 들어서 이렇게 아내를 데리고 왔습니다."

    힐리스의 아내는 남편 곁에 서서 "예수 그리스도는 어제나 오늘이나 영원토록 동일하시니라"(히브리서 13:8)는 진리의 말씀으로 그를 격려하려고 노력했다. 힐리스가 전에 받은 신학교육도 귀신을 다룰 수 있도록 무장시켜 주지는 않았다. 그러나 그는 자신이 무엇인가 해야 한다는 것을 알았다. 그래서 힐리스와 교회의 여성 사역자 한 사람은 그 사람의 아내를 여자 숙소로 데리고 가서 그녀를 위해 기도하기 시작했다. 힐리스는 그때의 상황을 이렇게 말한다. "솔직히 고백하자면, 나는 기도를 하면서도 혹시 무슨 특별한 치유의 은사가 나에게 필요한 것이 아닐까 하고 의심했습니다. 설상가상으로 귀신들린 여자는 우리 기도를 따라 조롱하는 시를 지었습니다. 그녀는 소리를 지르고 고함을 치며 우리들을 조롱했습니다."

그들은 사흘 동안 기도로 씨름했지만 아무런 결실이 없었다. 그 날 그 군인이 자기 아내를 데리러 나타났다. 그 선교사는 시간을 좀 더 달라고 청했다. 그러면서 성령의 인도에 따라 혹시 그들의 집에 어떤 우상들이 있느냐고 물어보았다. 군인은 그렇다고 대답했고, 그 선교사는 가서 그것들을 부숴 버리라고 말했다. 그 다음날 아침 귀신들은 자기들의 집이 파괴되었다고 그 여인의 입을 통해 불평을 해댔다. 그래서 힐리스는 그 군인이 정말로 우상을 파괴해 버렸다는 것을 알았다. 그러나 귀신들은 여전히 그 여인 안에 들어 있었다.

그 다음에 일어난 일을 힐리스는 이렇게 보고한다.

우리는 성경을 읽고 있었는데, 에베소서 1장과 2장을 읽어내려 갈 때였다. 갑자기 하나님은 우리가 그리스도와 함께 그의 죽음과 부활에 연합하였을 뿐 아니라 또한 "그리스도와 함께 하늘에 앉히사 모든 정사와 권세 위에 뛰어나게 하시고" 또 그리스도와 함께 들어 올리셨다는 것을 보여주셨다. 아내와 나는 이 새로운 지위를 굳게 믿고, 그 여인 앞에서 "죄에서 자유를 얻게 함은"(찬송가 202장)을 불렀다. 그리고 찬송을 마친 후 우리는 귀신에게 여인에게서 나갈 것을 예수의 이름으로 명령하였다. **그러자 그녀는 즉각 귀신으로부터 풀려났다!**

그 젊은 선교사는 두 가지 중요한 교훈을 배웠다. 첫째는 그리스도 안에서 신자의 지위, 즉 우리가 그리스도와 함께 하늘에 앉혀진 자라는 사실과, 그리고 적과의 대결에서 우리의 신분이 함축하는 바를 분명히 이해하고 있을 필요가 있다는 것이다. 둘째는 "사단이 기도와 찬송을 다 싫어하지만, 기도와 찬송만으로는 충분하지 않다. 우리는 마귀를 대적해야 하며 떠나가도록 명령해야 한다"는 것이다.[1]

위임받은 권세

이제 다음과 같은 질문이 나올 수 있다. "그러나 권세의 행사는 어떠한가? 그리스도인은 참으로 귀신들에 대하여 영적 권세를 행사할 권리를 갖고 있는가? 그것은 아마 72인이 사역을 마치고 돌아왔을 때 마음속으로 생각하고 있던 문제였을 것이다. 그리고 예수께서는 귀신을 다루는 그의 권세를 사용할 수 있는 권리를 그들에게 주셨다는 것을 분명히 하셨다. 그래서 예수께서는 지상명령을 주실 때 자신의 권세에 대해 먼저 말씀하셨다. 그것은 제자를 삼기 위하여 나가는 자들은 사단과 귀신들을 제압할 수 있는 권세를 위임받아서 활동한다는 뜻이다.

권세의 사용

귀신의 실재에 관하여 그랬던 것처럼, 우리의 문화는 이 문제에 관해서도 방해가 되는 것 같다. 우리의 문화는 개인의 권리를 중시함에 따라 권세를 행사하는 것은 점점 멸시하게 되었다. 개인의 권리와 그리스도의 권세를 사용하는 문제가 맞부딪쳤을 때, 영적인 적을 물리칠 권세를 갖고 있다는 확신을 가지고 적의 영역에 침공해 들어가거나 적을 물리칠 준비가 되어 있는 그리스도인은 거의 없다.

만일 우리가 실제로 적을 대면하게 되면, 우리는 딕 힐리스가 중국에서 귀신을 처음 대면했을 때처럼 행동하기 쉽다. 우리는 우리의 아버지께로 달려가서 이렇게 말한다. "아버지, 저를 위해 이 못된 놈을 처리해 주세요." 만일 우리가 정말로 어린아이라면 하나님은 그렇게 하실 수도 있다. 그러나 우리가 성인이라면 하나님은 이렇게 말씀하실 것이다. "나는 네게 적을 대적할 수 있는 권세를 주었다. 그 권세를 사용하도록 해라."

우리 대부분은 귀신을 대하는 문제에 있어서는 영적 어른보다는 영적 어린아이처럼 행동한다. 마치 네 살짜리 아이가 부모에게 달려와서 "아빠, 쟤가 날 때려"라고 말하면 아버지가 가서 문제를 해결하는 것과 같다. 네 살 때는 그렇게 해도 괜찮다. 그러나 스물네 살이 되어서도 여전히 그렇게 한다면 문제가 있는 것이다. 성공적인 자녀양육은 아이가 책임 있는 성인으로서 갈등을 처리할 수 있도록 능력을 길러주는 것이다.

그것은 하나님 아버지와의 관계에서도 마찬가지다. 우리가 정당하게 하나님께 가서 우리의 문제를 처리해 주시도록 요청할 수 있을 때도 있다. 그러나 하늘에 계시는 아버지께서 우리에게 이렇게 말씀하실 때가 온다. "나는 내 형상을 따라 너를 마음과 의지를 가진 존재로 만들었다. 그리고 너에게 나의 권세를 위임해 주었다. 그것을 책임 있게 사용하여라. 그것을 자꾸 사용하면 더 잘 사용하게 될 것이다. 네 스스로 할 수 있도록 무장시켜 주었으니 더 이상 너 대신 내가 일을 처리하지 않겠다."

이 원리는 히브리서 5장에도 나타나 있다. 거기에서 서신을 받은 사람들은 영원히 영적 어린아이 상태로 남아 있었던 것 같다. 히브리서의 기자는 이렇게 말한다.

> 때가 오래므로 너희가 마땅히 선생이 될 터인데 너희가 다시 하나님의 말씀의 초보가 무엇인지 누구에게 가르침을 받아야 할 것이니 젖이나 먹고 단단한 식물을 못 먹을 자가 되었도다 대저 젖을 먹는 자마다 어린아이니 의의 말씀을 경험하지 못한 자요 단단한 식물은 장성한 자의 것이니 저희는 지각을 사용하므로 연단을 받아 선악을 분변하는 자들이니라(12-14절).

영적 성숙을 나타내는 표지의 하나는 그리스도의 권세를 가지고 확신 있게 적을 대적하는 것, 즉 그 권세는 모든 지옥의 무리를 굴복시킬 수 있다는 확신을 갖는 것이다.

우리가 처음 귀신들린 사람을 만났을 때 그 사람 속의 귀신은 우리에게 직접적으로 도전하며 대들었다. 한 상담자가 젊은 여인을 우리에게 데려왔는데, 그녀의 증상은 단순히 일반적인 기독교 상담으로 해결될 수 없는 것이었다. 우리는 먼저 그녀의 방언 능력(종종 적이 영적 은사로 위장할 수 있다)을 시험함으로써 그 상태를 파악하고자 했다. 우리가 그 영에게 예수 그리스도는 육체를 입고 오신 하나님의 아들이라는 것을 그녀의 입을 통해 고백하도록 요청했다. 그때 이 자그마한 여인의 입에서 아주 다른 목소리가 나왔다. "나는 강하다. 너는 나를 붙잡을 수 없다." 나는 대답했다. "그래 맞다. 나는 할 수 없다. 그러나 그리스도는 하실 수 있다. 예수의 이름으로 명하노니 이 여자에게서 떠나라." 만약 지금이라면 나는 그녀 스스로 권세를 행하도록 했을 것이다. 그러나 누가 권세를 행사했든, 우리는 필요할 때 권세를 행사할 수 있도록 준비되어 있어야 한다.

그 첫 번째 대결이 있었을 때 내 마음에 결과에 대한 두려움이 있었다는 것을 솔직히 고백한다. 나는 이렇게 생각했다. "만일 아무 일도 일어나지 않는다면 나는 정말로 바보처럼 보일 것이다." 나는 내담자에게 "내가 하려고 하는 말은 당신에게 하는 말이 아닙니다. 있을지도 모르는 어떤 영에게 말하려는 것입니다"라고 말했다. 그때 나는, 기도를 통해 항상 그렇게 하고 있음에도 불구하고, 보이지 않는 대상을 향해 말한다는 것이 이상하게 느껴졌다. 오히려 "자, 이제 우리는 당신을 위해서 기도할 것입니다. 당신을 괴롭히는 것이 떠나도록 하나님께 구합시다"라고 말한 뒤 기도하는 것이 훨씬 쉬웠을 것이다. 그러나 나는 그러한 기도는 아무런 유익이 없다고 생각한다. 그 당시 우리는 직접적인 대결이 필요했다. 부수적으로, 할머니와 어머니 쪽에서 신비종교에 참가했던 것까지 거슬러 올라가서, 이 여인 안에 있는 귀신들과 몇 차례 다른 대결이 있었다. 내가 말하고 싶은 요지는 우리가 권세를 가지고 적을 대항해야 한다는 것이다.

경찰의 비유

그러나 어떤 사람은, 미가엘조차도 "감히 훼방하는 판결을 쓰지 못하고 다만 말하되 주께서 너를 꾸짖으시기를 원하노라"(유다서 1:9)고 말했다고 유다서에 기록되어 있는데, 이 구절에 대하여 어떻게 생각하느냐고 묻는다. 여기서의 상황은 "권위를 업신여기며 영광을 훼방하는"(8절) 사람들의 문제에 관한 것이다. 그들은 하나님의 권위 아래서 산다고 생각하지 않고 그들 자신의 권위에 따라 행동하고 있다. 그것은 참으로 바보 같은 일이다. 인간은 자신의 신분만으로 권위를 사용할 권리가 없다.

그러나 만약 내가 궁극적으로 모든 능력의 주인이신 분의 대리

인으로서 행동하고, 다른 사람으로 하여금 하나님의 능력을 갖고 하나님을 위해 행동하도록 권한을 부여할 권리를 가졌다면, 그것은 가능한 일이다. 존 맥밀란(John MacMillan)은 그의 소책자에서 경찰의 비유를 통해 이 관계를 설명하였다.[2] 만약 어떤 사람이 나의 집 문 앞에 와서 집을 수색하겠다고 말한다면, 나는 "당신은 누구요?" 하고 물을 것이다. 만약 그가 저 아래 사는 이웃이라고 신분을 밝힌다면, 나는 그를 내 집안으로 들여놓아야 할 의무를 느끼지 못할 것이다.

　　그러나 똑같은 사람이 경찰복을 입고 내 집 문 앞에 와서, 진짜로 보이는 경찰 배지와 가택수색 영장을 제시한다면 나는 그에게 개인 신분증을 보여 달라고 요구하지 않을 것이다. 나는 정부가 그에게 위임한 권위에 입각해서 그를 대할 것이다. 그 자신의 신분만으로는 그는 내 집의 수색을 요구할 권리가 없다. 그러나 정부의 대표자로서는 그렇게 할 수 있는 권리를 가지고 있다.

　　다른 예를 들어보자. 혼잡한 교차로에서 교통정리를 하도록 임무를 부여받은 경찰은 그 교차로에 접근하는 트럭이나 다른 차량을 정지시킬 만한 힘이 없다. 그가 있는 쪽으로 접근하는 거대한 화물차를 정지시키기 위해서는 엄청난 힘으로 받쳐주는 육중한 물체가 있어야 할 것이다. 그러나 그는 위임받은 권위로써 손을 들고 호각을 불어서 교통의 흐름을 통제할 수 있다.

　　권위는 위임받은 능력이다. 권위를 행사할 권리가 우리 안에 있다고 생각할 때마다 우리는 곤경에 처하게 된다. 자기가 먼저 권위 아래서 사는 것을 배우기 전까지 아직 그 사람은 권위를 행사할 적임자가 못 된다. 모든 권위는 하나님으로부터 나온다. 이것이 바로 야고보가 "너희는 하나님께 순복할지어다. 마귀를 대적하라. 그리하면 너희를 피하리라"(야고보서 4:7)고 말한 이유다.

또 다른 중요한 사실은 그 경찰관이 경찰학교를 졸업한 지 일주일밖에 안 되었든지 20년 경력의 베테랑이든지 아무 상관이 없다는 것이다. 경찰 배지는 그들에게 동일한 권위를 부여한다. 이것이 바로 누가복음 10장에 나오는 72인이 비록 그들이 처음으로 나서는 사역의 기회였지만 귀신들을 쫓아낼 수 있었던 이유다. 20년 경력의 베테랑은 그의 권위를 사용할 때 많은 지혜와 기술을 가지고 있을지 모른다. 그리고 그는 어려운 사건을 맡기가 쉽다. 그러나 권위 자체는 똑같은 것이다.

우리는 권위의 개념을 잘못 이해할 위험이 있다. 앞에서 본 대로, 사람들은 그 권위가 실제로 자신 안에 있다고 믿을 수도 있다. 그래서 귀신들을 다룰 때에 우리는 위임받은 권위를 사용하는 것이라는 사실을 분명히 이해하는 것이 중요하다.

권위를 사용하는 것에 있어서 또 하나의 문제는 무조건 공식처럼 사용될 수 있다는 것이다. 어떤 사람들은 단지 예수의 이름을 사용하여 올바른 말을 하기만 하면 성공이 보장된다고 생각한다. 그러나 성경은 권위가 단순히 올바른 말이나 예수의 이름을 사용하는 데 있는 것이 아니라는 것을 보여준다. 스게와의 일곱 아들의 경험이 그것을 입증해 준다. 바울이 하는 것을 들은 그대로 예수의 이름을 사용하여 귀신을 내

쫓으려 했을 때, 그들은 실패했다. 그 이름을 사용하는 사람이 주 예수 그리스도의 권위 아래 살고 그를 섬기고 있을 때에만 능력이 나타나게 된다.

예수 또한 산상수훈에서 이 점에 대해서 다음과 같이 분명히 말씀하신다. "그날에 많은 사람이 나더러 이르되 주여 주여 우리가 **주의 이름으로** 선지자 노릇하며 **주의 이름으로** 귀신을 쫓아내며 **주의 이름으로** 많은 권능을 행치 아니하였나이까 하리니 그 때에 내가 저희에게 밝히 말하되 내가 너희를 도무지 알지 못하니 불법을 행하는 자들아 내게서 떠나가라 하리라"(마태복음 7:22, 23).

주 예수 그리스도의 이름으로 권위를 행사할 때에 신자의 믿음과, 또 신자가 삶에서 어느 정도 하나님의 권위를 인정하느냐에 따라 능력이 나타난다. 만약 우리가 먼저 하나님께 진정으로 순종하고 있지 않다면 마귀를 물리치는 능력을 기대할 수 없을 것이다. 베드로 역시 우리에게 이 점을 확인시켜 준다. "그러므로 하나님의 능하신 손 아래서 겸손하라." 그러면 "우는 사자같이 두루 다니며 삼킬 자를 찾는" 우리의 적을 "대적"할 수 있을 것이다(베드로전서 5:6-9).

토론 문제

1. 무엇을 할 수 있는 능력을 가졌다는 것과 무엇을 할 수 있는 권위를 가졌다는 것은 어떤 차이가 있는지 생각해 보라.

2. 육신적인 경향은 어떤 식으로 능력과 권위의 의미를 왜곡시키고 그것을 잘못 사용하게 하는가?

3. 모든 능력과 권위의 근원은 어디에 있는가? 성경에 나타나는 하나님 백성의 경험을 통해서 볼 때 하나님의 권위는 어떻게 위임되는가? 오늘날은 어떤가?

7

그리스도인의
방어

위클리프 성경번역선교회의 한 선교사는 다음과 같이 기록하고 있다.

나는 아푸리나(Apurina) 사람들 가운데서 사역을 시작하기 위하여 1963년 아마존 정글로 갔다. 내가 아는 한 이 사람들에 대한 사단의 통치, 즉 수세기를 걸쳐 내려오는 사단의 지배에 도전한 것은 내가 처음이었다. 내가 그곳에 간 기본적인 목적은 혹시 내가 그 사람들을 사단의 집에서 이끌어내어 예수의 집으로 데려올 수 있겠는가, 즉 그들을 어둠의 왕국으로부터 빛의 왕국으로 옮겨놓을 수 있겠는가를 알아보기 위함이었다. 그러나 나는 신학 석사학위를 가지고 있었고 성경을 몇 번이나 통독했음에도 불구하고 불행하게도 영적 전투에 관한 이러한 진리들을 알지 못했다. 나는 참패를 당했다! 나는 다시는 기억하고 싶지 않을 정도로 무참히 패배했다. 사단은 나를 땅바닥에 질질 끌고 다녔다. 나는 어떻게 방어해야 하는지를 몰랐다. 사실 나는 무슨 일이 일어나고 있는지도 정확히 알지 못했다. 나는 귀신들의 활동에 대하여 회의적이었다. 물론 사단과 귀신들이 존재한다는 것은 알았다.

성경에 그 사실이 분명하게 나타나 있고 강조되고 있기 때문이다. 그러나 나는 그들이 어떻게 활동하는지 거의 알지 못했으며, 공격용이든 방어용이든 우리의 무기를 어떻게 사용하는 것인지 전혀 알지 못했다. 공식적으로나 비공식적으로 받은 신학공부는 전적으로 전통적인 것이었다. 교수들은 그리스도의 종은 귀신들이 건드릴 수 없거나 혹은 귀신들의 공격 대상이 되지 않기 때문에, 그러한 종류의 일은 우리에게 문제가 되지 않을 것이라는 생각을 심어주었다.[1]

이러한 귀신들의 공격이 단지 선교지에서만 있는 것은 아니다. 한 목사가 자기에게 찾아온, 귀신 들린 사람을 상담하는 데 도움을 얻고자 나에게 전화를 했다. 그 문제에 대해 이야기하는 중에, 그는 그들이 교회에 온 이후로 예배에 뭐라고 설명할 수 없는 이상한 막과 어두움이 드리우게 되었다고 말했다. 그때 그 교회의 몇몇 사람이 신비주의 활동에 연루되었다가 교회의 권고를 거부했던 적이 있는데 그들은 교회에 대하여 적의를 품고 그들의 신비적인 능력으로 교회를 저주하였다. 목사와 장로들이 이 저주에 대항하여 십자가의 능력을 주장하고 그들의 건물과 땅을 하나님의 영광을 위하여 다시 봉헌하였을 때, 다음 주일 예배에서 영적 분위기가 "믿을 수 없을 정도로" 변했다고 했다.

그렇다. 그리스도인들도 귀신의 공격을 받는다. 사단이나 귀신들과의 싸움에 대한 신약 성경의 경고는 모두 믿는 자들에게 준 것이다. 우리가 원하든 원하지 않든 우리 모두가 이 싸움에 개입된다. 그리고 그 전투에 하나님의 영광이라는 높은 상급이 걸려 있다. 우리가 좋은 군사가 되지 못한다면(디모데후서 2:4) 우리는 하나님의 성품을 세상에 잘 증거하지 못하는 결과를 낳을 것이다. 적은 개인의 생활과 사역에서 우리를 무기력하게 만들기 위해서 전력을 다하고 있다. 그는 "우는 사자같이 두루 다니며 삼킬 자를 찾고"(베드로전서 5:8) 있다. 그는 그가 이미 십자가 위에서 패배했으며 그의 때가 얼마 남지 않았다는 것을 알고 있다(요한계시록 12:12). 그러나 그는 이 땅의 신자들이 그것을 믿지 못하도록, 혹은 최소한 그 사실에 근거해서 생활하지 못하도록 하기 위해 모든 수단을 사용한다.

그리스도인과 귀신들

귀신들이 그리스도인도 공격한다는 것과 관련하여, 정말로 그러한 일이 가능하며, 만일 가능하다면 어느 정도까지 공격을 하느냐는 질문이 제기될 수 있을 것이다.

오직 영원의 세계에 가서 보아야만 얼마나 많은 신자들이 열매 없고 좌절된 삶을 살았으며, 그리고 얼마나 많은 기독교 사역자들이 적의 공격을 받고 사역을 단념하지 않을 수 없었는지 드러나게 될 것이다. 신약 성경에서 믿는 자들에게 귀신의 활동에 대해 여러 번 경고하고 있지만 이러한 일이 계속해서 일어나고 있다. 베드로는 그리스도인들에게 이렇게 쓰고 있다.

근신하라 깨어라 너희 대적 마귀가 우는 사자같이 두루 다니며 삼킬 자를 찾나니 너희는 믿음을 굳게 하여 저를 대적하라 이는 세상에 있는 너희 형제들도 동일한 고난을 당하는 줄을 앎이니라(베드로전서 5:8-9).

　　어떻게 해서 그 많은 교회에서 "대적하라"가 "무시하라"로 바뀌었는지 모르겠다. 그러나 그로 인해 사단과 그의 군대는 전략상 커다란 이익을 얻게 되었다.

　　나는 어느 정도까지 그리스도인이 귀신들의 공격을 받을 수 있는지에 대해 여러 가지 견해를 열거하지 않을 것이다. 이 주제는 영적 전투에 관하여 저술하는 사람들이 다루어 왔다. 특별히 딕카슨(C. Fred Dickason)의 책 「그리스도인도 귀신들릴 수 있는가?」(Demon Possession and the Christian, 요단 역간)를 보라. 그러나 나는 헬라어 신약 성경에서 귀신들과 사람들 사이의 관계를 나타내는 "귀신들림"이라는 표현이, 영어에서는 귀신에 의한 "소유"(Possession)라는 말로 번역되는 것은 잘못이라고 생각한다. 영어에서 귀신을 뜻하는 demon은 헬라어의 다이몬(daimon)이라는 말에서 음역한 것이다. 우리는 똑같은 헬라어 어근에서 나온 동사형 다이모니조마이(daimonizomai)라는 단어를 가지고도 같은 방식으로 해야 했었다. 그래서 영어에서 "디머나이즈" (demonize)로 번역되었더라면, 우리는 귀신에 의해서 "소유된다 혹은 소유되지 않는다"라는 관점에 따라 우리의 상태가 그 둘 중 하나라는 생각을 갖게 되지 않았을 것이다. 그 대신 오히려 우리는 사람이 어느 정도까지 귀신에 의해 영향을 받을 수 있는가로 말할 수 있었을 것이다. 나는 그에 대한 연구와 또 경험을 통해서 그리스도인도 귀신의 공격을 받을 수 있으며, 정신적으로 혹은 육체적으로도 심각한 정도까지 영향을 받을 수 있다는 것을 알게 되었다. 그러나 이것은 확실히 소유의 문제가 아니다. 나는 이 용어들이 사람에 따라 각기 다르게 정의된다는 것을 알고 있다. 그러나 영적 "소유"는 분명히 소유권을 의미하며, 어떤 사람의 영원한 운명을 지배하는 의미다. 어떠한 경우든 그리스도와 구원의 관계를 갖고서 동시에 사단에 속하여 그의 지배를 받는 것은 불가능한 것이다. 그래서 만일 "귀신이 그리스도인을 소유할 수 있는가?"라고 질문한다면, 그에 대한 대답은 분명히 "아니다"이다.

그리스도인들을 공격하는 이유

그에 앞서 다음과 같은 질문이 나올 수 있다. 신자들 안에 계시는 그리스도께서 신자들이 귀신을 충분히 당해낼 수 있도록 하신다는 것을(로마서 8:35-37, 요한일서 4:4) 귀신들이 알고 있다면 왜 귀신들은 그리스도인을 공격하는가? 대답은 명백하다. 그리스도인들이 그 진리를 믿지 못하게 하고, 또 그 진리에 기초해서 행동하지 못하게 하기 위해서다. 그러나 그 외에도 다른 많은 이유가 있다.

사단의 타락에 대하여 이야기하면서, 우리는 하나님의 피조물 중에 최고인 우리 인간에 대한 사단의 질투가 하나님에 대한 그의 지속적인 반역에 있어서 상당한 역할을 하였을 것이라는 점을 지적하였다. 그것이 사실이든 아니든, 그 질투 때문에 사단은 지금 우리를 미워한다. 이 시점에서 사단이 신자들을 미워하는 몇 가지 다른 이유를 살펴보자.

가장 명백한 이유는 우리가 하나님의 형상대로 창조되었기 때문이다. 이것은 우리와 하나님과의 사이에 독특한 연결고리를 제공해 준다. 사단이 아담과 하와에게 그들이 하나님을 불순종하면 하나님과 같이 될 것이라는 유혹에 빠뜨림으로써 이 연결고리를 파괴해 버렸다고 생각했다. 그때 벌써 인본주의의 씨앗이 에덴 동산에 뿌려졌다. 그러나 하나님은 그러한 과정이 계속되도록 내버려두지 않으셨다. 하나님은 즉각적으로 "죽임을 당한 어린양"(요한계시록 13:8)을 통한 화해의 길을 열어 놓으셨다. 그리하여 그는 창조와 재창조 모두에 있어서 우리의 창조자시다. 베드로는 "그의 신기한 능력으로 생명과 경건에 속한 모든 것을 우리에게 주셨으니 이는 자기의 영광과 덕으로써 우리를 부르신 자를 앎으로 말미암음이라"고 말한다. 하나님은 그 자신의 영광과 덕을 통해서 "그 보배롭고 지극히 큰 약속을 우리에게 주사 이 약속으로 말미암아 너희로 정욕을 인하여 세상에서 썩어질 것을 피하여 **신의 성품에 참예하는 자**가 되게 하려 하셨다"(베드로후서 1:3, 4). 이러한 "신의 성품"에 참여할 수 있는 특권을 받은 것은 사단이 우리를 질투하기에 충분한 이유가 된다.

에베소서 1장에서 바울이 양자의 비유를 통해 우리와 주님과의 관계를 설명하는 것을 보았다. 이것도 사단을 격노케 하는 것이다. 우리

106

가 사단의 가족을 떠나 하나님의 가족으로 입양되었다는 것은 사단에 대한 모욕이다. 그 입양으로 인하여 우리는 하나님의 상속자가 된다. 바울은 로마서 8장 17절에서 이 점을 명백히 한다. 그리고 바울은 또 에베소의 그리스도인들이 "성도 안에서 그 기업의 영광의 풍성이 무엇인지"(에베소서 1:18) 알게 되기를 특별히 기도한다. 그 구절이 내세에서의 삶을 암시하는 것이지만, 분명히 현세에서의 삶에 대해서도 의미심장한 암시를 하고 있다. 사단은 하나님의 상속자가 된다는 것이 무엇을 의미하는지 알지 못하도록 우리를 붙잡아 놓으려고 한다.

하나님의 자녀요 상속자로서, 우리의 역할은 여기 땅에서 그의 제1의 대리인이 되는 것이다. 만약 사단이 우리로 하여금 하나님의 영광을 드러내지 못하는 삶을 살도록 할 수 있다면, 그는 우리가 창조되고 재창조된 목적을 성취하지 못하도록 막을 수 있을 것이다. 적의 공격을 물리치기 위해 하나님의 능력을 사용할 줄 모르는 그리스도인은 분명히 하나님의 영광을 위해 살고 있는 것이 아니다. 사단은 그리스도인들이 영적으로 무기력한 삶을 사는 것을 아주 기뻐한다. 이것을 영적 대결의 한 부분으로 인식하지 못하면 적의 이러한 전술에 넘어가게 될 것이다. 사단은 종교적 행위에 위협을 느끼지 않는다. 그러나 사단은 승리하는 삶, 거룩한 삶을 살아서 하나님의 능력을 드러낼 때 위협받게 된다.

사단이 우리를 미워하는 이유는 이외에도 많이 있다. 하나님은 우리를 그의 형상대로 만드셔서 "생명과 경건에 속한 모든 것을" 주셨을 뿐 아니라, 적의 영역을 침공하고 그것을 되찾는 임무를 그의 권세와 함께 주셨다. 사단은 활발하고 능력 있는 사역에는 위협을 느끼지만, 세상과 격리되어 경건하게 사는 삶에는 위협을 느끼지 않는다. 그래서 자기중심적인 경건의 추구는 세상의 미전도 족속을 복음화하고자 하는 동기로 발전하지 않는 한 권장될 수도 있다.

영적 부흥은 그것이 선교로 연결되느냐 연결되지 않느냐에 따라 진정한 것인지 판단할 수 있다. 사단은 한 지역교회에서의 부흥을 중지시킬 수 없을지도 모른다. 그러나 만일 그 부흥을 그곳에만 국한되게 하고 사람들로 하여금 그들 자신의 경건성에만 초점을 맞추게 할 수 있다면, 그는 적어도 하나님의 궁극적인 목적이 실현되는 것을 막을 수 있다.

신자들은 임무를 부여받고 능력을 부여받은 하나님의 군대이므로, 사단은 어떠한 대가를 치르고서라도 그들을 무력화시키려고 노력할 것이 틀림없다. 이 사실은 많은 것을 함축하고 있다. 그러나 여기서는 사단이 그리스도인들에 대해서, 특히 최전선에서 영적 전투를 치르고 있는 그리스도인들에 대해서 공격할 이유가 충분하다는 것에 주목하자.

귀신들이 지배할 수 있는 정도

우리는 사단이 공격하는 동기가 무엇인지 추정해 보았고, 또 사단의 공격에 대비하라는 성경의 경고도 살펴보았다. 그러면 이제 귀신들이 어느 정도까지 우리에게 영향을 미칠 수 있으며, 그리스도인들을 침범할 수 있는가에 대하여 질문해 볼 수 있을 것이다.

우리는 성경에서 이러한 주제에 대하여 분명하고도 교훈적인 언급이 없다는 것을 인식하면서 이 논의를 시작할 필요가 있다. 성경 어디에서도 신자들 안에는 악한 영이 들어올 수 없다고 말하지 않으며, 또 들어올 수 있다고도 말하지 않는다. 이렇게 분명한 가르침이 없다는 사실이 우리를 좌절케 할 수도 있다. 예를 들면, 삼위일체 교리를 그 자체로서 가르쳐 주고 있는 구절이 없다. 이러한 경우 우리는 그 주제와 관련된 다양한 구절들이 가르치는 것을 취하고, 수세기에 걸쳐서 교회가 무엇을 가르쳐 왔는가를 고려해야 한다. 그리고 앞의 이 두 가지에 비추어서 현재의 경험을 평가해야 한다.

나는 프레드 딕카슨의 책에서 매우 잘 다루었던 이 문제를 반복해서 다루지는 않겠다. 그러나 그 주제에 대한 몇 가지 생각은 우리의 나머지 논의를 정립하는 데 도움이 될 것이다.

성경에서 이 주제에 대한 명확한 진술을 찾을 수 없기 때문에, 우리는 이 문제들을 우리의 이성을 가지고 접근할 수밖에 없다. 이성적으로 추론하자면, 나의 몸은 성령의 전이므로 악령은 나의 몸 안에 있을 수 없다는 논증이 나온다. 이러한 생각은 두 가지 물체는 동일한 시간에 동일한 공간을 점유할 수 없다는 법칙에 기초를 두고 있다. 이 논증의 오류는 영들은 공간을 점유하지 않으며 성령 충만도 공간의 문제가 아니라는 것을 잊고 있다는 점이다. 성령 충만은 내 삶의 모든 영역에서 얼마만큼 "지혜와 계시의 영"(에베소서 1:17)을 통한 하나님의 인도 아래에서 살아가고 있는가 하는 정도의 문제이다. 더욱이 하나님과 악한 영

| 그리스도인의 방어 |

이 같은 장소에 동시에 있을 수 없다면, 하나님의 무소부재(無所不在)하심을 고려할 때 귀신들은 어디에도 존재할 수가 없게 된다.

내 말의 요지는 유물론에 근거한 논리는 영의 세계를 다룰 때에는 적용되지 않는다는 것이다. 영의 세계와 우리의 육체가 상호 작용하는 방식 또한 과학자들을 곤란케 하는 연구 분야다. 물론 그들은 대개 영들에 대하여 말하지 않는다. 그러나 그들은 사람의 물질적인 부분을 움직이는 것으로 보이는 사람의 비물질적 부분에 대하여 인식하고 있다. 예를 들어, 마음과 뇌가 어떻게 상호 작용하는가에 대한 이야기가 있다. 존 엑클스(John Eccles)경(卿)은 그의 책에서 이렇게 말한다.[2] "뇌의 작용에 관한 이 논의에서, 우선 뇌는 물리 화학적 법칙에 따라 작동하는 하나의 '기계'로서 간주되어 왔다." 그러나 그는 계속해 나가면서 과학자들의 좌절을 표현하여 이렇게 말한다. "만일 영혼이 아주 감지력이 뛰어난 물리적 기구에 의해서조차도 그 활동이 감지되지 않는 행위자(agent)를 의미한다면, 뇌는 '영혼'이 작동할 수 있는 일종의 기계인 것처럼 보인다." 인간의 뇌는 분명히 육체의 한 부분이다. 그리고 그것은 죽음 후에 육체와 함께 남겨질 것이다. 그러나 뇌는 육체의 모든 나머지 부분을 위한 통제실이다. 그리고 뇌를 통제하는 자는 누구나 육체를 통제한다.

여기서 우리가 주목해야 할 점은 내가 자신의 영으로서 뇌를 통제하는 정도와, 성령께서 나의 순종을 통해서 뇌를 통제하시는 정도와, 혹은 귀신이 나를 속여서 믿도록 한 그 거짓말을 통해서 뇌를 통제하는 정도가 어떻게 다른가 하는 것이다. 우리는 일반적으로 나의 사고가 건강할수록 육체를 통한 내 삶도 더욱 건강해질 것이라고 생각한다. 이것이 바로 솔로몬이 "무릇 지킬 만한 것보다 더욱 네 마음을 지키라 생명의 근원이 이에서 남이니라"(잠언 4:23)고 권고하는 이유다.

만일 우리가 신자라면, 성령께서는 우리가 그를 "근심케"(에베소서 4:30) 하지 않는 정도만큼 우리 삶의 중요한 부분이 되신다. 이러한 영향력은 삶의 단순한 영역에서 도움을 받는 것부터 중국에서 조나단 고포드(Jonathan Goforth)에게서 보였던 초자연적인 은사에 이르기까지 광범위하게 나타날 수 있다. 고포드의 중국어 실력은 형편없어서 중국 사람들은 그에게 중국어로 설교할 기회를 주려고 하지 않을 정도였다. 그들은 고포드가 통역을 사용하는 것을 더 좋아했다. 그런데 어느 날 밤 하나님은 그에게 중국말을 하는 은사를 주셨다. 그리고 그날 밤 사람들은 그가 설교를 멈추는 것을 원치 않았다. 성령은 고포드의 뇌에 분명히 "자연적"이 아닌 자극을 주셨던 것이다. 성령은 그러한 것을 하실 수 있다. 그리고 그 은사는 그의 일생동안 계속되었다.[3]

악한 영들도 또한 우리의 뇌에 접근한다. 그들은 우리의 마음에 생각을 집어넣음으로써 우리를 유혹할 수 있다. 사단은 심지어 예수에게조차 그렇게 했다. 귀신들은 거라사의 귀신들린 사람에게는 더 효과를 보았다. 그와 같은 경우에는 귀신들이 뇌를 그냥 지나칠 것이라고 믿을 아무런 이유가 없다. 그래서 문제는 귀신이 나의 몸 안에서 어떤 몹쓸 활동을 불러일으키고 있는 것이라기보다는, 내가 영적 방패를 사용하지 못하여 그가 마음에 접근하도록 한 것이다.

우리는 지금 나의 영, 성령, 그리고 악한 영과의 관계에 대하여 이야기하고 있다. 그것은 영적인 문제며, 귀신이 안에 있느냐 밖에 있느냐는 진짜 쟁점이 아니다. 문제는 내가 누구에게 통치권을 넘겨주는가 하는 것이다.

내가 신자가 될 때, 성령께서 내 안에 들어와서 사신다. 귀신은 결코 성령에게 떠나라고 강요할 수 없다(요한일서 4:4). 내가 "성령으로 행한다면"(갈라디아서 5:25), 믿음과 순종 가운데 걸어간다면, 나는 귀신의 침입을 두려워할 필요가 없다. 그것은 내가 귀신의 공격에 대비할 필요가 없다는 말이 아니라 내가 두려움 가운데 살 필요가 없다는 말이다. 그러나 만일 내가 진리를 추구하지 않고 그에 순종하지 않는다면, 나는 적에게 공격의 기회를 내어주게 될 것이다.

이것은 정부를 전복시켜서 반란 집단에 통제권을 넘겨주려는 적에 비유할 수 있다. 적은 정면 공격을 감행할 만한 힘을 가지고 있지 못하다. 그래서 그들은 거점을 세워놓고 그 나라 안으로 들어가서 게릴라식 습격을 감행한다. 이런 활동으로 정부를 무너뜨리지는 못한다. 그러나 그 나라를 불안하게 하고, 또 그 나라의 국력이 보통 때보다 훨씬 많이 소모되게 한다.

만일 우리의 삶이 성령께 맡겨져 있다면, 게릴라 세력처럼 귀신들은 우리 삶의 영적 정부를 전복시킬 수 없다. 그러나 우리가 적의 거짓말을 믿거나 혹은 죄를 고백하지 않음으로써 적에게 기회를 마련해

주고 있다면, 적이 그 기회를 이용해서 공격의 수위를 올린다 해도 별로 놀라운 일이 아닐 것이다. 만약 신자들과 귀신의 관계를 이러한 시각에서 본다면, 한쪽 끝으로는 예수 그리스도의 승리하는 삶에서부터, 다른 한쪽 끝으로는 진리와 그리스도의 주권 아래에 있지 않고 땅에 주둔하여 참호를 구축하고 있는 적의 수준에 이르기까지, 그 관계는 스펙트럼처럼 나뉘어질 것이다. 마치 고린도전서 3장의 "세상적" 그리스도인으로부터 성숙하고 열매가 많은 그리스도의 종에 이르기까지 성령과의 관계에 여러 단계가 있는 것처럼, 사단이나 귀신들과의 관계에도 여러 단계가 있다.

　　이 모든 것 가운데 우리가 희망적일 수 있는 이유는 우리의 적이 패배하였고 우리 주님이 승리하셨다는 진리를 가지고 있으며, 우리가 그 진리 가운데 행할 때 그 진리가 우리를 자유케 한다는(요한복음 8:32) 사실 때문이다. 진리의 근원이신 주권자 하나님은 결코 실수가 없으시지만 내가 그 진리를 어떻게 대하든 자동적으로 그 진리가 내 삶을 보호해 줄 것으로 기대할 수는 없다.

113

토론 문제

1. 베드로전서 5장 6-11절을 읽어 보라. 영적 전투에 관한 이 구절에서 핵심적인 개념들은 무엇인가? 왜 베드로가 이러한 싸움에 대하여 특별히 말할 수 있었는지 생각해 보라.

2. 적의 전술을 아는 것이 왜 중요한가? 적의 수법을 알지 못해서 비참한 결과를 낳을 수 있는 경우를 생각해 보라.

3. 디모데후서 2장 25-26절을 읽어 보라. "마귀의 올무"를 정의해 보라. 올무로부터 벗어나는 방법은 무엇인가?

4. 귀신의 "소유가 되는 것"과 귀신의 "영향을 받는 것"은 어떤 차이가 있는지 숙고해 보라.

8

물리적 영역에서의
공격

다른 전투들과 마찬가지로 영적 전투도 공격적 차원과 수비적 차원이 있다. 그 두 가지는 상호 배타적이 아니다. 사실 그 두 가지는 밀접하게 연관되어 있다. 사단이 이 땅에서 헌신적으로 하나님의 목적을 수행하는 신자들을 주목한다는 점과 우리가 공격적인 면에서 더욱 적극적이 될수록 적의 반격도 더욱 강해질 것이라는 점은 당연한 이치일 것이다. 이것은 "이 세상 신"(고린도후서 4:4)의 통치만을 알고 있던 사람들 가운데서 주님을 증거하고자 하는 사람들에게는 특히 당연한 사실이다. 우리가 더욱 적극적으로 이러한 사역에 참가하고, 더 효과적으로 하나님의 영광을 선포하고 나타내며 사단의 능력에 도전할수록, 귀신들로부터 더욱 강한 저항이 있게 된다. 따라서 방어적 수준에서 공격하는 것은 공격적 수준에서 대결한 것의 결과일 수도 있다. 그러나 그것들을 따로 살펴보는 것이 도움이 될 수도 있을 것이다.

기독교 사역자들조차도 널리 퍼져 있는 세속적인 세계관을 가지고 있는 경우가 많다. 따라서 때로는 개인적인 문제들의 원인이 귀신들의 방해일 가능성을 고려하지 않거나, 혹은 아예 그러한 공격을 잘 모르고 있는 것 같다. 그 결과 그들은 그런 공격에 효율적으로 대처하지 못한다.

이러한 문제의식을 가지고, 우리는 그리스도인에 대한 귀신들의 공격이라 할 수 있는 영적 대결의 몇 가지 유형을 살펴볼 것이다. 나는 선교사들이 경험했던 것들을 여기 실례로 실었다. 왜냐하면 이 분야는 나의 특별한 관심 분야이며, 또 국내에 있는 그리스도인들이 선교사들을 위해서 어떻게 기도해야 하는지 더 잘 이해하게끔 해줄 것이기 때문이다.

신체에 대한 공격

귀신들이 다양한 방법으로, 특히 질병을 통해서(마태복음 9:32, 33, 누가복음 13:16, 고린도후서 12:7) 인간의 신체를 공격한다는 것은 성경에서 분명히 보여주고 있다. 욥의 경우는 이에 대한 전형적인 예다. 그리고 우리는 예수의 사역에서도 여러 차례 이런 경우를 만난다. 이것은 예수 시대에만 있었던 현상이 아니며, 비기독교 세계에만 있는 현상도 아니다. 영적 갑옷과 무기의 효과적 사용법을 배우지 않은 사람은 누구나 이러한 공격을 받을 가능성이 있다.

예를 들어, 남아메리카의 콜롬비아에서 가르치는 사역을 해왔던 젊은 여자 선교사는 신체적으로 너무 쇠약해져서 정상적으로 활동할 수 없었기 때문에 본국으로 돌아가야 했다. 2년 동안 이 의사에게서 저 의사에게로, 이 병원에서 저 병원으로 다녀보았지만 아무런 도움을 받지 못하게 되자, 그녀는 너무나 낙심하여 그리스도인답게 살려는 것조차 포기하려 하였다. 그곳이 귀신의 활동이 매우 심한 지역임에도 불구하고 아무도 그녀의 문제가 귀신에 기인한 것일 수 있다고 진지하게 말해 주지 않았다. 그러나 그녀가 성경을 치워버리기로 결정한 그날 아침에, 주님께서 "왜 금식하고 기도하며 귀신을 쫓아버리지 않느냐?"고 말씀하셨다. 그녀는 귀신을 쫓아내는 것에 관하여 아무것도 알지 못했다. 그러나 일단 한 번 시도해 보기로 결심하였다.

제일 먼저, 기도하려고 시도해 보았지만 아무 말도 나오지 않았다. 그래서 그녀는 귀신을 대항하는 글을 종이에 쓰고 그것을 온종일 삼십 분마다 읽기로 결심하였다. 그것을 읽은 후에 기도할 수 있었다. 그리고 성경을 읽고 기도하며 삼십 분마다 귀신을 쫓는 글을 읽으면서 그날 하루를 보냈다. 그렇게 하루를 보내면서 그녀는 새사람이 되어 있었다. 그녀는 "그 변화가 매우 커서 나 자신도 잘 믿기지 않았습니다"라고 말했다. 일주일이 못되어 그녀는 완전히 치유되었다. 그때 이후로 그녀는 풍성한 삶을 살고 있다.[1]

나는 모든 신체적인 문제가 귀신에 기인한 것이라거나, 혹은 그 젊은 여자 선교사가 사용한 방법이 모든 사람이 적을 대항할 때 따라야 할 본이라고 주장하는 것이 아니다. 그러나 나는 우리가 생각하고 있는 것보다 훨씬 더 많은 경우에 신체적인 문제가 귀신과 관련된 것이라고 주장한다. 그리고 그 결과 사단은 그리스도의 군사들을 영적 싸움에서 제외시켜 버림으로써 영적 전투에서 또 한판의 승리를 거둔다.

내 강의를 듣는 어느 목사가 발을 절름거리기 시작했다. 병원에서 검사를 받아보았지만 의사는 그 원인을 찾을 수 없다고 말했다. 그런데 그는 휠체어에 탄 사람을 볼 때마다 "5년 뒤에는 너도 저렇게 된다"고 말하는 음성을 들어 왔다. 이것은 그의 문제가 의학적인 문제가 아닐 수 있다는 것을 암시한다. 이제 5년이 지났지만 그는 아무런 증세 없이 충실하게 사역을 감당하고 있다. 그가 자유로워질 수 있는 길은 하나님과의 깨어진 부분들을 회복해서 그가 하나님의 가족으로서의 위치를 되찾는 데 있었다. 그렇게 되었을 때 귀신들의 능력은 떠나갔고 그는 자유로워졌다.

한때 내가 사역했던 시에라리온이라는 마을은, 초기의 선교사들에게 집을 지을 수 있도록 "마귀의 언덕"이라고 불리는 곳을 제공했다. 그러나 "귀신들은 그리스도인에게 어떠한 일도 할 수 없다"고 생각했기 때문에 아무도 그곳의 위험성을 심각하게 생각하지 않았다. 그 당시 나도 그런 쪽에 대하여 신학적으로 무장되어 있지 못했다. 그러나 그 집에 살고 있던 가족이 병이 들어 결국은 선교지를 떠나는 것을 보았다. 최근에 그 집에 거주했던 사람의 말에 따르면, 2년 전까지만 해도 그 집을 방문했던 사람들이 그곳에 도착했을 때는 아프다가도 그 마을을 떠나면 그러한 증상이 없어지곤 했다. 그러면 왜 변화가 일어났는가? 2년 전 그들은 영적 대결을 통해서 결국은 그 언덕을 깨끗하게 하였다. 그때 이후로 더 이상의 신체적인 공격이 없었다. 얼마나 많은 주의 종들이 적의 이러한 간계를 알지 못했기 때문에 이 전쟁터에서 실려 나갔는지는 오직 하나님만이 아신다.

욕구와 관련된 공격

사단의 공격은 질병을 통해서만 오는 것이 아니다. 우리는 신체적 욕구를 통해서도 사단의 공격을 받을 수 있다. 맥레오드(W.L. McLeod)는 강박적인 식욕증세를 가지고 그를 찾아온 한 여인에 관한 이야기를 한다. 4년 동안 그녀는 음식을 닥치는 대로 마구 쑤셔 넣은 다음 그것을 토해내고 또 음식을 계속적으로 먹게 하는, 그녀 안에 있는 그 무엇과 싸워 왔다. 그녀의 식비는 그야말로 엄청났다. 좀 더 자세히 조사를 해보니 그녀가 네 가지 신비주의 활동에 관련되어 있다는 사실이 드러났다. 성경에서 그와 같은 활동에 대하여 무엇이라 말하고 있는지 알게 되었을 때, 그녀는 이러한 행동을 죄로 여기고 중단하였다. 그녀는 강박적인 행동을 야기시키는 귀신들로부터의 자유를 주장하였고 그러자 자유롭게 되었다.[2]

오늘날 사단과 그의 군대인 귀신들은 성적 욕구를 통해서도 사역자들을 공격하고 있다. 이러한 공격으로부터 자신을 굳건히 지키기가 매우 어렵다. 세상은 이 영역에서 많은 자극을 제공한다. 그리고 마귀는 그 상황을 충분히 이용하게 된 것을 기뻐한다. 여기에 덧붙여서 한 가지 사실을 말한다면, 그리스도인들은 이런 차원의 영적 전투에 대하여 거의 알지 못한다. 많은 사람이 이것을 단순히 육체의 정욕으로 돌리며 자신의 삶에서 그것을 통제할 수 있다고 생각한다. 나의 동역자 중 한 사람이 유부녀와 불륜의 관계를 갖고 나와 상담하면서 "내가 이러한 부분에서 넘어지리라고는 정말 생각하지 못했네"라고 말했다. 많은 사람이 자신을 과신했기 때문에 방어태세를 풀어버렸고 그 결과 사단의 공격을 받았다.

한 노련한 선교사가 도움을 구하기 위해서 강의 후에 나를 찾아왔다. 그는 기도하려고 할 때마다 성적인 것에 대한 생각이 일어난다고 말했다. 그는 난처해서 누구에게도 그것에 대해서 말하지 않았다. 그리고 그것을 "자신의 십자가"로 여기고 짊어지려고 노력했다. 나는 그에게 그러한 생각이 하나님이 주시는 것이냐고 물었다. 물론 그렇지 않았다. 그렇다면 그 스스로 그러한 생각에 잠겨 있기 좋아하고 그것을 꿈꾸느냐고 물었다. 그는 정반대로 그러한 생각을 싫어한다고 말했다. 그렇다면 그런 생각을 누가 심어주는 것으로 생각하느냐고 물었다. 그는 이러한 생각을 사단이 줄 수도 있을 것이라고는 전혀 생각하지 못했다. 나는 어떻게 그러한 생각을 물리치고 그 생각에 지배받지 않으며, 그리스도 안에서의 신분에 근거하여 그러한 생각을 집어넣는 영들을 대적할 수 있는지 말해 주었다. 1년 후에 그가 나의 사무실을 찾아와서 말했다. "정말 당신이 작년에 가르쳐 주신 것에 대하여 감사하고 싶습니다. 나는 당신이 기도하여 귀신을 쫓아내고 내 문제를 해결해 주실지도 모른다고 생각했습니다. 그러나 그런 식으로 문제가 해결되지 않은 것이 기쁩니다. 나는 금년에 많은 것을 배웠습니다. 그래서 내 삶과 결혼생활, 그리고 가족이 변화되었습니다. 이제 새로운 자세로 선교지로 돌아가려고 합니다."

　　　어떤 사람들은 내가 사람들이 갖고 있는 모든 문제의 원인을 귀신들에게서 찾는다고 비방할지 모른다. 혹은 "어떤 사람에게 있는 문제를 귀신의 탓으로 주장할 때 그 사람을 더욱 혼돈에 빠뜨린다는 생각을 하지 못합니까?"라고 반박할지 모른다. 그러나 정반대로, 무엇인가 그들에게 근본적으로 잘못된 것이 있기 때문에 그와 같은 문제가 일어난다고 주장하면 오히려 더욱 그들을 불안하게 할 것이다. 때문에 그들 바깥에 그러한 문제 상황을 야기시키는 무엇인가가 있다는 사실은 오히려 그들에게 커다란 위로가 될 수 있다. 그것은 개인적인 책임을 분명히 할 필요가 없다는 말이 아니다. 모든 문제에는 개인적인 책임이 항상 따른다. 그러나 언제나 상황을 더욱 어렵게 만들어서 이용하고자 하는 주도면밀한 적의 활동을 간과하여 승리를 누리지 못하는 것은 어리석은 일이다.

　　　우리는 육신의 정욕과 싸워야 한다는 것을 안다. 그러나 마귀와 귀신들이 보통의 신앙훈련으로는 다룰 수 없는 압박 아래에 밀어 넣기 위해서 신체적인 욕구를 이용한다는 사실은 인식하지 못하고 있다. 이러한 적의 요새를 파괴하기 위해서 영적 무기를 능수능란하게 사용할 수 있어야 한다. 사단은 많은 지도자에게 자신은 성적 유혹에 넘어지지 않

| 물리적 영역에서의 공격 |

을 것이라고 확신시켜 왔다. 그래서 우리는 많은 비극을 보아왔다.

물체와 관련된 공격

귀신들은 사람의 신체뿐 아니라 물체에도 영향을 끼칠 수가 있다. 우리는 성경이 물체 그 자체와 그 물체의 배후에 있는 귀신을 분명히 구분하고 있다는 것을 인식할 필요가 있다. 이것은 우상숭배를 다루는 구절에서 가장 분명하게 나타난다. 일련의 구절들은 우상을 전적으로 경멸하는 투로 다루고 있다. 왜냐하면 우상들은 나무나 쇳조각, 혹은 돌로서 아무런 능력도 갖고 있지 않기 때문이다. 예레미야 10장 3-5절은 그런 우상들을 비웃는 예다.

열방의 규례는 헛된 것이라
  그 위하는 것은 삼림에서 벤 나무요
공장의 손이 도끼로 만든 것이라
  그들이 은과 금으로 그것에 꾸미고
못과 장도리로 그것을 든든히 하여
  요동치 않게 하나니
그것이 갈린 기둥 같아서
  말도 못하며
걸어다니지도 못하므로

사람에게 메임을 입느니라.

그것이 화를 주거나 복을 주지 못하니

너희는 두려워 말라 하셨느니라.

이러한 유형의 구절들은 시편 115편 4-8절, 이사야 40장 18-20
절, 41장 7절, 21-24절, 44장 9-20절, 예레미야 10장 14, 15절 등이 있다.

그러나 또 다른 구절들은 분명하게 우상을 귀신들과 연관시키고
있다. 예를 들어, 레위기 17장 7절의 "수염소", 신명기 32장 17절, 역대
하 11장 15절의 "수염소 우상과 송아지 우상", 시편 106편 37절, 요한계
시록 9장 20절 등에서 우상과 귀신을 동일하게 보고 있다. 이것은 고린
도전서 10장 19-20절에서 명백해진다. 바울은 이렇게 말한다.

그런즉 내가 무엇을 말하느뇨 우상의 제물은 무엇이며 우상은 무엇이라 하느뇨?
대저 이방인의 제사하는 것은 귀신에게 하는 것이요 하나님께 제사하는 것이 아니
니 나는 너희가 귀신과 교제하는 자 되기를 원치 아니하노라.

물체들이 신비종교 활동을 위한 목적으로 만들어질 때, 혹은 사
람들이 그 물체가 능력을 가지고 있다는 기대를 갖고 그것을 바라볼 때,
귀신들은 그 물체의 본질과는 아주 동떨어진 그들의 기대를 충족시켜줄
것이다. 또 다른 경우에는, 신비종교의 활동에 참가하고 있는 사람이 어
떤 물체에 능력을 부여해 주도록 귀신을 초청할 수도 있다. 그리고 이러

한 방법으로 귀신들은 그 물체와 연관될 수도 있다. 이러한 귀신의 능력을 무시하거나, 혹은 귀신들이 그리스도인들을 해칠 수 없다고 가정하는 선입관은 선교사들에게 많은 문제를 가져다주었다.

한 젊은 여인은 나를 만났을 때 "이것에 대해서 이야기하더라도 나더러 미쳤다고 하지 않을 사람을 만나게 되어서 기쁩니다"라고 하였다. 그녀는 아프리카에서 선교사로 섬기기 위한 준비로서 불어를 공부하고 있었다. 그녀는 천성적으로 매우 활달하고 사교적인 사람이었다. 그런데 언제부터인가 우울증과 불면증에 시달리기 시작했고 공부하는 것에 어려움을 느꼈다. 이것 때문에 한동안 고통을 겪고 난 후, 그녀와 알고 지내온 한 선교사가 그녀에게 어디에서 거주하고 있느냐고 물었다. 그녀의 방을 조사해 보니, 전에 거주하던 사람이 그 방에 신비종교와 관련된 많은 물체들을 두었다는 것이 발견되었다. 바로 그러한 물체와 연관되어 있던 영들이 그 방과 가구 곳곳에 있었던 것이다. 그들은 기도하고 그 영들에게 떠나가라고 명령했다. 그날 밤, 그 신임 선교사는 정상적으로 잠을 잘 잤으며 언어 공부를 계속할 수 있었다.

필리핀에 있는 한 선교사가 선교관사로 이사를 왔다. 그 전에 살던 가족은 다섯 살 난 아들에게 괴상한 일들이 일어나는 것을 발견했는데, 아이가 집에 있을 때만 그런 일이 일어났다. 그 집 앞마당에 큰 나무가 한 그루 있었는데, 새로 온 선교사는 아들이 그곳에서 놀 수 있도록 나무 아래에 모래를 깔았다. 그 지역의 목사는 악한 영이 그 나무에서 거하고 있다는 말이 있으니 그곳이 놀이터로는 좋지 않다고 경고했다.

그 선교사는 "설령 그렇다고 해도 우리는 믿는 사람이기 때문에 귀신이 괴롭히지 못할 것입니다"라고 말했다.

어느 날 그 선교사 부부는 아이가 소리 지르며 우는 것을 들었다. 아내가 달려가 보니 16킬로그램의 아이가 35킬로그램이 나가는 독일산 쉐퍼드의 목을 조르려고 하고 있었다. 그 아내는 아이를 꾸짖고 다시는 개를 괴롭히지 말라고 훈계하였다. 그리고 그들은 그 일을 잊어버렸다. 그러나 사흘 후 똑같은 일이 발생했다. 벌을 주려는 부모에게 아이는 "그런데 엄마, 나도 개를 죽이고 싶지 않아요. 무엇인가가 그렇게 하도록 시켰어요"라고 말했다. 무엇인가가 나무로부터 내려와서 그의 손을 낚아채 개의 목을 조르게 했다는 것이다. 그 선교사는 귀신의 존재에 대하여 심각하게 받아들이기 시작했다. 그 다음 이러한 일이 다시 발생했을 때 그 부부는 예수의 이름으로 귀신들에게 떠나갈 것을 명령했다. 그리고 그들 주위에 보호의 울타리를 쳐주시도록 하나님께 간구했다. 그러자 문제가 해결되었다.

내가 말하는 것의 요지는, 사단은 선교사 혹은 기독교 사역자들이 그들의 사역을 수행하지 못하게 하기 위해서 모든 방법을 사용할 것이라는 점이다. 그 지역의 주민들이 분명히 귀신의 소행으로 인식하는 영적 대결에서 선교사가 어찌할 줄 모를 때 아무리 그 타격이 없다 해도 복음전파에 방해가 되는 것만은 분명하다. 선교사들이 능력 대결에서 이기지 못할 때, 사람들은 귀신들의 능력이 선교사가 섬기는 그리스도의 능력보다 더 큰 것으로 생각한다. 그러나 이러한 도전에 싸워 이기는 것

125

은 복음을 강력하게 증거하는 것이 된다.

뉴기니아의 선교사인 오토 코닝(Otto Koning)은 자기가 예배를 인도하기 위해서 처음 갔던 마을에 대하여 이야기한다. 그곳의 사람들은 모임장소로 특별히 오두막 하나를 지었는데, 야자 잎으로 만든 벽에까지 호기심에 찬 사람들로 가득했다. 그러나 예배를 인도하기가 매우 어려웠다. 아기들의 울음소리와 개 짖는 소리가 요란했고, 더군다나 큰 돼지 한 마리가 오두막 벽으로 돌진해 와서 사람들 가운데서 수라장을 만들었다. 코닝은 결국 포기하고 집으로 향했다.

그가 그 마을에 다시 가고 싶어하지 않는 것은 이해할 만하다. 그러나 그는 다시 돌아오겠다고 약속했다. 다행히 그는 영적 전투에 대하여, 그리고 새로운 마을에 복음을 전할 때의 귀신의 방해에 대하여 배우고 있었다. 그래서 그는 마을에서의 사역을 방해하는 일 배후에 귀신들이 있을 수도 있으며, 따라서 그 마을에 가기 전에 귀신들을 묶어야 한다고 생각하기 시작했다. 그것은 시도해 볼 만한 가치가 있었다. 그래서 그는 동물들을 이용하여 예배를 방해하지 말라고 귀신들에게 명령했다. 그 후로는 아기들도 그렇게 많이 울지도 않았으며, 동물들도 멀리 떨어져 있었다. 그 결과 사람들이 복음을 듣고 그리스도께로 나아올 수 있었다.

서구적인 사고방식을 갖고 있는 대부분의 사람들은 이것을 우연의 일치로 돌릴 것이다. 그러나 영적 전투에 참가해 본 사람이라면, 사단이 동물들이나 다른 물체를 이용하여 하나님의 사역을 방해하는 일이

126

종종 있다는 것을 쉽게 이해할 것이다. 먼저 이 사실을 이해하고 있어야 귀신의 능력 앞에서 승리를 주장할 수가 있다.

토론 문제

1. 사단이 그리스도인의 몸을 공격하고자 하는 이유가 무엇인가? 어떤 "근거"로 사단은 그렇게 하는가?

2. 사단은 어떤 식으로 하나님께서 우리에게 주신 신체적 욕구들을 잘못된 방향으로 이끄는가?

3. 신명기 7장 25-26절을 읽어 보라. 여기 나온 용어들을 정의해 보라. 오늘날 우리에게도 적용될 수 있는 것으로 어떤 원리를 가르치고 있는가? 실제적으로 어떤 적용을 이끌어 낼 수 있는가?

9

영적 영역에서의 공격

신자들이 예측할 수 있는 적으로부터의 공격은 신체적인 영역에만 국한되는 것이 아니다. 앞에서 살펴본 대로, 사단의 주요 목적은 하나님의 종을 영적으로 무기력하게 만드는 것이다. 모든 영적 전투가 영적 능력, 혹은 영적 무기력의 문제라고 말하는 것은 일리가 있다. 이 문제의 근원에는 그리스도인으로서 우리의 개인적, 공동체적 삶의 성숙도가 놓여 있다. 이 영역에서 우리의 삶을 붕괴시키기 위해 사단이 사용하는 전술을 우리는 반드시 알아야 한다.

사단의 가장 효과적인 전술은 귀신과 귀신에 기인한 문제들에 대처할 수 있는 신앙으로부터 멀어져서, 그러한 모든 현상에 대한 과학적인 설명이 가능하다는 생각을 갖도록 조장하는 것이다. 그러한 경향과 함께, 하나님의 초자연적인 활동에 대해서도 의문을 제기하는 경향이 있는 것 같다. 영과 관계된 일은 그것이 악령에 관한 것이든 성령에 관한 것이든 대부분이 회의적이다. 언제나 사단의 궁극적인 목적은 우리가 하나님의 성품을 의심하고 삶에서 그의 권위를 거부하도록 하는 데 있다.

129

이것은 종종 하나님 말씀의 권위에 대하여 의문을 제기하는 식으로 나타난다. 그 권위가 사라질 때, 세계 복음화의 최대 장벽이 되는 보편구원론이라는 교리에 빠져드는 것은 시간문제다.

그러나 하나님 말씀의 권위를 훼손시키는 다른 방법이 있다. 독실한 복음주의 가문에서 자라났고 하나님에 대한 진정한 마음을 가지고 있었던 몇몇 내 친구들이 영적 은사가 활발하게 나타나는 모임에 가담하게 되었다. 처음에는 그 안의 예언들이 성경과 조화를 이루었다. 이러한 능력을 지켜보는 것은 신나는 경험이었다. 점차로 그 예언들은 특별해지기 시작했으며 성경의 진리에서 멀어지기 시작했다. 그리고 그들은 그 예언들에 대하여 의문을 제기하는 것을 두려워할 정도로 그 예언들을 신뢰하게 되었다. 결국 다섯 가정이 "영의 명령대로" 이혼하여 깨어졌다. 이 문제를 놓고 내가 성경 말씀을 갖고 그들과 마주 대했을 때, 그들은 내 말을 들으려 하지 않았다. 이처럼 그 영은 최고의 영성을 가장하여 하나님 말씀의 권위를 훼손시켰다. 이혼하라고 명령한 그 영이 성령이 아니었던 것은 확실하다.

바울이 고린도인들에게 다음과 같이 편지한 것도 그들이 그런 상황에 있었기 때문이었다. "뱀이 그 간계로 하와를 미혹케 한 것같이 너희 마음이 그리스도를 향하는 진실함과 깨끗함에서 떠나 부패할까 두려워하노라"(고린도후서 11:3).

이러한 속임수는 개개인에게 영향을 미칠 뿐 아니라, 초자연적인 것을 대부분 하나님의 역사로 보는 사람이 영적 은사나 능력 대결에서 나타나는 능력에 대하여 전혀 허용하지 않는 사람과 한 팀이 되어 사역할 경우에 그 사역이 큰 지장을 받을 수 있다. 나는 이곳저곳을 다니면서 그러한 상황을 여러 번 목격했으며, 또 사람들의 경험도 많이 전해 들었다.

그러나 사단의 속임수가 가짜 영적 은사와 같이 언제나 극적인 것은 아니다. 사단은 하나님에 대한 잘못된 지식과, 이로 인한 신자들 자신에 대한 잘못된 인식을 갖도록 신자들을 속이는 데 노련한 전문가다.

나는 이 영역에서 어떠한 것도 당연한 것으로 여기지 말아야 한다는 것을 배워 왔다. 도움을 받기 위해서 온 대부분의 그리스도인들은 신학적으로는 정확한 답을 알고 있다. 그러나 전임사역자조차도 실제로 문제에 부딪혔을 때는 사단의 희생물이 될 수 있다. 나는 사역자들의 입에서 상당히 충격적인 말을 들었다. 문제는 우리가 사람들이 교회 안에서 솔직해질 수 있도록 분위기를 조성하지 못한다는 것이다. 그 결과 사람들은 그들의 진짜 생각을 감추어 두고 진짜 문제를 다루지 못한다. 앞에서 언급한 닐 앤더슨의 두 책은 이 문제에 대해서 매우 통찰력 있게 다루고 있다.

물론 우리의 영적 생활에는 쉽사리 공격받을 수 있는 영역이 있다. 그러나 우리가 삶 속에서 모든 것에 대하여 진리를 말하고, 우리의 감정과 생각에 대하여 정직하며, "그리스도 안에서" 새 사람으로서 살아가려는 결의를 가지고 생활한다면, 그러한 취약점은 대부분 해결될 것이다.

마음에 대한 공격

　우리가 논의해 온 영적 대결의 모든 영역과 연관되어 있으며, 그리고 그 모든 영역의 배후에 놓여 있는 것이 인간의 정신, 특히 마음이다. 마음은 대부분의 경우에 있어서 진정한 전쟁터다. "마귀가 그렇게 하도록 시켰다"고 말하는 것은 아마도 옳지 않을 것이다. 마귀는 하와에게 그랬던 것처럼 그 과정을 시작했을 수 있다. 그러나 마귀가 우리 마음속에 집어넣어 준 것을 가지고 우리 스스로 한 일에 대해서는 우리에게 책임이 있다. 생각의 근원을 인식하지 못하고 또 그것을 거부하지 못하는 것이 문제다. 존 뉴포트는 이렇게 말한다.

> 타락한 천사들은 직접적으로 우리의 의지에 호소할 수가 없다. 그러나 우리의 상상력, 생각, 감정, 욕구 등에는 호소할 수 있고 또 그렇게 한다. 그들은 우리 안에서 살아 움직이는 열망을 발견하면 이러한 열망과 환상을 건드려서 정욕을 불러일으킬 수 있다. 또한 그들은 우리 자신의 성품이나 경험에 전혀 근거하지 않은 환상이나 느낌을 주입할 수 있다.[1]

　여기서 당신은 다음과 같은 질문을 할 수 있을 것이다. "그것이 귀신이 준 것인지 아니면 단지 육신의 욕망인지 어떻게 아는가?" 이에 대해 나는 두 가지가 어느 정도는 혼합되어 있다고 대답한다. 나를 괴롭히라는 임무를 받은 귀신이 내가 정서적 혹은 정신적 문제를 가지고 있는 것을 보고서도 그것을 더 복잡하게 만들려고 하지 않는다면 그는 바보일 것이다. 성경에서 표현한 대로 내가 "자기 욕심에 끌려"(야고보서 1:14) "유혹되고 부추겨지는" 것은 사실이다. 육신의 욕망은 항상 개입된다. 그러나 사단은 바보가 아니어서 우리 안에서 계속 일고 있는 갈등을 가만 내버려두지 않는다. 그러므로 우리는 자기 자신을 잘 조절해야 하지만, 동시에 적을 잘 다룰 줄 알아야 한다.

사단이 상당히 효과를 보고 있는 전술은 어떤 생각을 우리 마음속에 집어넣고서 우리 스스로 그러한 생각을 가졌다고 고소하는 것이다. 사단은 말한다. "너는 훌륭한 그리스도인이어야 하지 않니. 그런데 네가 생각하고 있는 것을 볼 때, 너는 무엇인가 잘못된 것이 틀림없어." 많은 사람이, 심지어 선교사들이나 목회자들조차도 이런 적의 전술을 인식하지 못하고 자기 안에 스며드는 죄책감이나 비하감을 안고 살아간다. 이것은 8장에서 이야기된, 타락한 성적 생각으로 시달렸던 "노련한 선교사"의 문제였다.

이와 관련된 사단의 전술 한 가지는 우리에게 감정적 반응을 불러일으키고서 위와 똑같이 고소하는 것이다. 사단은 사람으로 하여금 그들이 느끼는 감정이 "좋든" "나쁘든", 그들이 느끼는 그대로가 바로 사실이라고 확신시켜 왔다. 감정이 중요하지 않은 것은 아니다. 그것은 우리의 삶에 매우 실제적인 부분이다. 그러나 감정은 진리나 영성을 판별하는 시금석이 아니다. 때문에 그리스도인의 묵상이 그렇게 중요한 것이다. 하나님의 말씀을 주야로 묵상하는 것은 곧 진리에 반대되는 것을 걸러내는 여과장치를 마음속에 설치하는 것이다. 그래서 사단이 우리 마음속에 넣어준 생각에 대해 우리를 고소하려고 할 때, 우리는 이렇게 말할수 있다. "나는 내 안에 이 생각을 누가 심어주었는지 안다. 하나님이 주신 것이 아니므로 물러가라. 나를 지배하지 못할 것이다." 아내는 내가이것을 배운 이래 같이 살기에 훨씬 편안한 사람이 되었다고 말했다. 나는 내가 완전하다고 주장하는 것이 아니다. 그러나 나는 배우고 있고 자라가고 있다.

어느 날 밤 나는 낙심한 채로 잠자리에 들었다. 어떤 생각이 계속해서 마음속에 맴돌았다. 평소에 그랬던 적이 거의 없었다. 나는 잠자리에 들기도 전에 잠에 빠지는 경우가 많다. 나는 하나님은 우리에게 용기를 주시는 분이지만 사단은 우리를 낙심시킨다고 "설교"해 왔다. 여기서 핵심 단어는 용기, 즉 삶의 환경을 직면하는 데 있어서 가져야 할 태도다. 어쨌든, 주님께서 그날 밤 나에게 말씀하셨다. "네가 설교하는 대로 왜 행하지 않느냐?" 나는 말했다. "그렇습니다, 주님. 나는 낙심은 항상 마귀가 주는 것이라고 가르쳤습니다. 그러므로 낙심에 빠진다면 죄를짓는 것입니다. 나를 용서해 주십시오. 어떠한 영이 나를 압박하든지 간에 그를 대적합니다. 나는 하나님의 생각대로 생각하겠습니다." 이렇게 생각하면서 나는 시편을 묵상하기 시작했고, 얼마 안 되어 잠이 들었다.

이 진리는 대인관계에도 적용된다. 나는 모든 인간관계의 문제에 답할 간단한 해답이 있다고 주장하고 싶지는 않다. 그러나 교회의 갈등이나 선교사들 간의 불일치가 단지 성격차이에서 오는 것이 아니라 그 이상의 요인이 있다고 믿는다.

몇 해 전에 주님께서는 우리 부부에게 그런 경험을 하게 하여 그 사실을 이해하게 해주셨다. 우리는 우리의 첫 번째 배우자들이 불시에 세상을 떠난 후에 주님께서 만나게 해주신 매우 낭만적인 추억을 가지고 있다. 그리고 많은 사람이 우리의 관계를 통해 도움을 받았다고 말했다. 그러나 우리가 "아무 문제없이 살았다"고 말할 수는 없다. 우리는 우리의 관계를 위하여 노력해야 했다. 나는 우리가 갑자기 서로에 대하여 맹렬히 비판하는 태도를 취하기 시작했던 사실을 말하고자 한다. 어떤 큰 문제가 관련되어 있었던 것도 아니었다. 서로 마주 앉아서 해결해야 할 문제가 있었던 것도 아니었다. 그냥 비판적인 태도를 갖게 된 것이다. 사단은 그것을 보고 쾌재를 부르고 있었을 것이다. 왜냐하면 우리는 더 이상 한 사역팀으로서 효과적으로 역할을 감당할 수가 없었기 때문이다.

결국 주님이 이 일의 실체를 분별하도록 우리를 각자 인도하셨다. 우리는 적의 공격을 받고 있었다. 내가 그 사실을 인식했을 때 이렇게 기도했다. "주님, 이 문제는 주님이 허락하신 것이 아님을 압니다. 이 문제가 생기도록 허용했던 것을 용서해 주십시오. 그리고 이 문제 배후에 있는 영에게 떠날 것을 명령한다." 그 즉시 아내를 비판하는 마음이 사라졌다. 우리 사이에 아무런 의사소통이 없었지만 아내도 나와 같이 되었다. 우리는 완전하지는 않지만 정상적인 관계로 돌아왔다. 우리의 문제가 강박적인 수준까지 이르면 그것은 종종 귀신이 개입되어 있다는 증거다. 그러나 그것은 대개 잘 감지되지 않는다.

어떤 선교지에서는 이러한 긴장이 아주 심하게 느껴지는 경우가 있다. 선교사들은 이런 식으로 말할 것이다. "누가 그곳에 머물든지 그들은 오래 가지 못할 것입니다." 그러나 그들은 좀처럼 그 원인을 귀신에게서 찾으려 하지 않는다.

신비종교와의 연관성에 근거한 공격

귀신이 그리스도인들 안에서 활동하게 되는 데는 여러 원인이 있을 수 있다. 그러나 그리스도인들은 일반적으로 귀신의 공격을 받지 않는다는 생각 때문에 귀신의 활동을 유발할 수 있는 원인들이 간과되어 왔다. 예를 들면 신비종교 의식을 구경하러 갔다가 실제로 신비종교 의식에 참가하게 되는 것이 바로 이런 것이다.

아프리카에서 사역하던 한 선교사는 몸과 마음이 쇠약해져 선교지에서 본국으로 돌아왔는데 그 뒤에도 그 원인이 밝혀지지 않았고 증상 자체도 치료되지 않았다. 아프리카에 있을 때 그녀는 어떤 특이한 활동을 했었는데 그것을 통해 상당한 만족감을 얻고 있었다. 그녀는 지팡이로 땅 속에 있는 물줄기를 찾거나 물에 마법을 걸어서 새로운 우물을 팔 위치를 찾는 방법을 배웠다. 좋은 목적을 위해 하는 것이었기 때문에 그녀는 그것을 괜찮다고 생각했다. 그러나 그녀는 어떤 책을 통해서 물줄기를 찾는 것이 신비종교와 연관이 있다는 것을 알게 되었다. 그녀의 남편은 다음과 같이 말했다.

그것을 확인해 보기 위해서 아내는 지팡이를 들고 적당한 장소로 갔다. 그것이 "펌프질"을 시작했을 때, 아내는 "이것이 하나님이 주시는 은사라면 계속 하지만, 사단이 주는 것이라면 다시 하지 않겠어요"라고 말했다. 즉각적으로 지팡이가 멈춰 섰다. 아내는 회개하고 하나님께 용서를 구했다. 그리고 악의 세력으로부터 깨끗케 해주시고 치유해 주시도록 간구했다. 아내는 신체적 쇠약 증세와 신경과민 상태가 사라졌으며, 건강한 몸으로 아프리카로 돌아가서 사역을 계속하였다.[2]

저주에 근거한 공격

마술을 행하는 자들의 저주도 사단의 공격을 받을 수 있는 원인이 된다. 예를 들어, 남아메리카에서 사역을 하다가 안식년을 맞은 선교사 부부가 있었다. 그들은 십대의 아들과 딸이 반항적으로 자라고 아들이 절도죄로 체포되었을 때 너무나 혼란스러웠다. 후원 교회 목회자와 상담을 하는 동안, 그들은 이전에 대수롭게 생각지 않았던 일들을 하나씩 발견하기 시작했다.

선교지에서 어린이 성경 공부를 인도할 때 그 지역 마법사의 자녀들이 참석했던 적이 있었다. 그들은 아버지로부터 그 성경 공부를 방해하도록 지도를 받았다. 결국 선교사들은 그 아이들이 오는 것을 막아야만 했다. 그 결과 마법사가 와서 그 선교사 가족 위에 저주를 걸었다. 선교사 부부는 마법사가 집 바깥에서 주문을 되풀이하는 것을 보았다. 그러나 그들은 그리스도인들에게는 아무런 해도 끼칠 수 없을 것이라고 생각했다. 이제 그들은 그 저주를 심각하게 받아들이기 시작했다. 그들은 그 저주를 예수의 이름으로 거부하고 그 저주를 행하는 어떠한 귀신들도 십자가로 가라고 명령하였다. 그러자 자녀들의 반항이 사라졌으며 그 가족은 선교지로 돌아갈 수가 있었다. 그리고 그 아이들은 부모와 함께 사역에 적극적으로 참여하고 있다.[3]

개인적인 죄에 근거한 공격

사단이 우리를 공격하는 데는 우리가 숨겨 온 개인적인 죄에 원인이 있을 수도 있다. 불행하게도, 교회들은 어떤 특정한 죄에 대해서는 정직하게 대면하도록 격려해 오지 않았다. 오히려 우리는 교회에 갈 때, "내 삶은 모든 것이 잘돼 간다"고 말하는 가면을 써야 하는 것을 다른 사람들을 통해서 배웠다. 그러나 그 가면 뒤에는 절망하며 고통 받고 있는 모습이 있다. 그러나 우리는 서로 "만일 당신이 나의 가면을 벗기지 않으면 나도 당신의 가면을 벗기지 않겠다"고 마음먹고 있다.

아마도 다른 어떤 죄보다도 가장 해로운 죄는 용서하지 않는 것이다. 한 선교사 부부는 남편이 심한 우울증에 빠져서 사역을 할 수 없었기 때문에 본국으로 돌아가야 했다. 두 해 동안 정신치료를 받았지만 아무런 진전이 없었다. 그들이 상담을 받기 위해 내 친구에게 왔을 때, 그 아내가 먼저 모든 문제를 말해야 했다. 주님의 인도하심으로 상담자는 그들의 문제에 원한이 관련되어 있다는 결론을 내렸다. 처음에는 그가 이것을 완강히 거부하였다. 그러나 상담자는 그가 원한을 품고 있는 사람들의 명단을 만들어오라고 하고 돌려보냈다. 다음날 그는 긴 명단을 가지고 돌아왔다. 그들은 한 번에 한 사람씩 다루어 나갔다. 그는 고백이나 화해해야 할 것이 있으면 그렇게 하겠다고 동의했다.

이때 이 문제의 배후에 있던 귀신들이 밖으로 나타났고 그리고 쫓겨났다. 그 선교사는 깊은 평안을 느낀다고 말했다. 다음날 다시 왔을 때, 그는 아주 다른 사람이 되어 있었다. 그들은 본국에서 은퇴를 기다리고 있기보다 선교지에 가서 사역을 다시 시작할 준비가 되어 있었다. 그 후에 그들은 그 일에 착수하였다.

용서하지 않는 것은 곧 주님 대신 어떤 다른 존재가 우리의 삶을 지배하도록 허용하는 것이다. 또 그리스도께서 우리를 자유케 하시려는데도 사단의 희생물이 되기로 선택하는 것이다. 그것은 마치 우리 쪽에서 게릴라 기지를 세워서 적에게 근거지를 내어주는 것과 같다(에베소서 4:26, 27).

용서란 우리가 마음으로부터 용서해야 한다는(마태복음 6:14, 15, 18:35, 에베소서 4:32) 성경의 가르침과, 용서하지 않고 쓴 마음을 가질 때 용서받아야 할 사람보다는 원한을 가진 사람이 더 해를 입는다는 논리에 기초해서 우리가 내리는 선택이다.

용서를 하려고 할 때 문제되는 것은 마음의 상처를 처리하는 것이다. 상처가 없는 것처럼 가장할 수는 없다. 상처는 남아 있으며, 또 생각대로 사라지지도 않을 것이다. 여기서 우리는 계속해서 그 상처에 얽

매일 것인지 말 것인지를 결정해야 한다. 용서란 이와 같은 것이다. "그를 용서하는 대가로 내 상처를 받아들이겠다. 주님께서 그것을 이길 수 있도록 은혜를 주실 것이다." 우리가 하나님의 방법대로 일을 처리하기로 결정했을 때 하나님이 우리를 위해 하시는 일은 매우 놀랍다. 많은 사람이 "하나님, 나의 상처를 없애주십시오, 그러면 용서하겠습니다"라고 말할 것이다. 그러나 하나님은 "네가 먼저 용서해라. 그러면 내가 그 상처를 치료해 주겠다"고 말씀하신다.

용서하기로 결심한 후에도 여전히 그 상처로 인한 아픔이 있을 수 있기 때문에, 사단은 진정으로 용서한 것이 아니라고 속삭일 것이다. 그것은 사단의 거짓말이다.

우리는 과거의 일을 기억할 때 그때의 감정이 되살아난다. 한 번은 아내와 네 자녀, 장모님을 차에 태우고 여행을 가는 길이었다. 우리는 달리고 있던 곁길에서 고속도로로 진입했다. 그러나 신호등의 일부가 나무에 가려져서 정지신호를 볼 수 없었다. 신호를 보고 브레이크를 밟았을 때 길 위에 모래가 있는 것을 발견했다. 차는 고속도로를 가로질러 미끄러졌다. 만일 그 순간에 대형 화물차라도 지나가고 있었더라면 어쩔 뻔 했을까 생각하면 지금도 소름이 끼친다. 그러나 그때의 감정을 느낀다고 해서 지금도 동일한 위험에 처해 있다고 할 수 있는가? 그렇지 않다. 이와 비슷하게 과거의 어떠한 죄나 학대받은 것을 기억할 때 그때와 동일한 감정이 일어날 수 있다. 그러나 현재 그 감정의 지배를 받지는 않는다. 우리는 용서하기로 마음먹은 것을 새롭게 할 수 있으며, 주님의 도우심 가운데 삶을 잘 영위해 나갈 수 있다.

권위에 대한 반항, 교만이나 자기 중심적 태도, 육신적인 죄는 처리되어야 한다. 이러한 일들은 귀신의 활동이라는 증거가 있든 없든 간에 항상 신자의 삶에서 정직하게 대면해야 한다. 어쨌든, 사단은 항상 그러한 부분에서 문을 열어놓은 사람을 공격할 것이다.

조상의 죄에 근거한 공격

귀신의 공격을 받는 또 하나의 이유가 있다. 경험 있는 상담자들은 이런 경우에 있는 사람들을 많이 대했을 것이다. 프레드 딕카슨은 그가 상담한 대부분의 사람들이 조상의 죄로 인하여 속박을 받고 있었다고 말한다.[4]

하나님은 아비의 죄가 아들에게로 삼사 대까지 이르게 된다고 하면서(출애굽기 20:5), 그를 사랑하고 그의 계명을 지키는 자에게는 천대까지 은혜를 베푸신다고 말씀하셨다(출애굽기 20:6). 이것은 세대의 수준에서 먼저 적용된다. 한 세대는 그 전 세대가 행한 선이나 악의 영향을 받으며 살아간다. 신체적인 영역에서도 마찬가지다. 약물로 몸을 더럽힌 부모에게서 태어난 아이는 스스로는 아무런 책임이 없지만 약물에 대한 의존성을 갖고 있을 수 있다. 그는 부모가 지은 죄의 희생자다.

학대를 받아 정서적인 면에서 부모들이 지은 죄의 희생자가 된 아이들도 있다. 이런 아이들은 그것이 삶 가운데서 치유되지 않는 한,

그들 역시 부모가 되었을 때 자녀들을 학대하는 경향이 있다.

똑같은 원리가 영적인 영역에서도 적용된다. 만일 어떤 부모가 그들의 삶에서 고백하지 않은 죄가 있어서 귀신들에게 공격할 기회를 내어주고 있다면, 귀신들은 그 사람의 자손을 괴롭힐 수 있다고 주장할 것이다. 그러나 이러한 원리가 부모의 죄로 인하여 자녀들을 유죄로 만들지는 못한다. 모든 사람은 자신의 죄에 대해서만 책임이 있다. 그러나 죄의 결과는 남아 있게 되므로 그것을 처리해야 한다. 이것은 우리 죄를 위해서 십자가가 예비되었다는 것을 단순히 믿음으로써 가능하다. 부모와 조상의 죄를 거부하는 것이 회심과 제자 훈련 과정에 들어 있어야 한다. 그리스도인 가정에서 그렇게 거부한 경험이 있었으면, 그 다음에는 "나를 사랑하고 내 계명을 지키는 자에게는 천 대까지"(출애굽기 20:6) 축복하신다는 약속을 강조해야 한다.

교회에서 축사(逐邪) 사역자로 임명된 한 사람은 여러 해 동안 사람들을 귀신의 속박에서 자유케 해주었다. 하루는 어떤 남자가 찾아와서 자기 아내의 이상한 행동에 대하여 말했다. 그의 아내는 비싼 물건을 사면서 대금을 자기 앞으로 달아놓고, 청구서가 오면 태워버리곤 했다. 그 결과 그들은 계속해서 빚에 시달렸다. 심지어 그녀는 물건을 훔치기조차 했다. 돈이 없어서가 아니었다. 그들에게는 필요한 것을 살 수 있을 만큼 돈이 충분히 있었다.

그는 그 문제에 대하여 좀 더 이야기하기 위해서 그 부부를 집으로 초대했다. 함께 대화하는 가운데, 그녀의 어머니가 북 인디애나 지역에서 "파우와우"(powwow)라고 하는 마법적 치유의식을 행했다는 것이 드러났다. 이것은 신비종교 의식으로 귀신들이 들어와서 활동하도록 문을 여는 것이다. 그 사실을 알고 그 부인은 이러한 죄악된 행위의 영향을 거부하였다. 그리고 자기 어머니가 그러한 의식을 통해서 근거지를 내주었던 것을 무효로 한다고 선언하면서 귀신들에게 떠나가라고 명령하였다.

2주 후에 그 부부가 다시 찾아왔을 때 그 아내는 이렇게 말했다. "왜 나는 50년 전에 이것을 알 수 없었을까요? 왜 이것을 가지고 평생을 살아야 했을까요?" 그 남편은 마치 새로 아내를 얻은 것 같다며 그 변화에 대해서 말했다. 초대교회에서는 이것이 회심과 세례 과정에서 다루어졌을 것이다. 우리가 세례를 베풀 때 마귀와 마귀의 모든 일을 거부하는 의식을 없앤 것은 우리의 손실이다.

나는 모든 문제가 귀신에 기인한 것이라고 주장하는 것은 아니다. 단지 우리가 그에 대해 인식하고 있고 그에 대비하고 있는 것보다 훨씬 더 많은 문제들 속에서 귀신의 활동이 연루되어 있다고 주장하는 것이다. 그 문제들은 거의 대부분 인간의 경험에 뿌리를 박고 있다. 그런데 사단은 그러한 경험을 이용해서 그 문제들을 더욱 악화시키고 해결할 수 없는 것처럼 보이게 한다. 신자들은 귀신의 공격을 받지 않는다는 생각이 잘못이라는 것은 거듭 증명되어 왔다. 그리고 패배할 때마다 또 한 번의 전투가 적의 승리로 돌아갔다는 것을 의미해 왔다.

그렇다면 영적 전투는 우리가 다른 사람을 위해 능력을 나타내

143

보일 때 시작되는 것이 아니다. 그것은 우리 자신의 삶에서 문제들에 맞서는 능력을 나타내 보임으로써 시작된다. 많은 사람이 바로 그 첫 번째 대결에서 이기지 못하기 때문에 다른 사람들을 도울 수 있는 데까지 나가지 못한다. 그렇지 않으면, 그들은 사역에는 들어갔지만 적의 공격을 어떻게 대처해야 할지 알지 못한다. 적을 대면하여 맞설 필요가 없는 안전한 장소를 발견하려고 하는 것은 사실상 적에게 항복하는 것이고 적에게 승리를 빼앗기는 것이다.

개인적인 영적 전투에서 이길 수 있어야 사역의 수준에서 이루어지는 영적 전투에서 승리할 수 있다. 다음 장에 나오는 것이 바로 그러한 유형의 영적 대결에 관한 것이다.

토론 문제

1. 사단이 하나님의 역사를 모방하는 수법에 대하여 생각해 보라. 신자가 참된 것 대신 가짜를 받아들였을 때 어떤 일이 일어나는가?

2. 사단이 그리스도인들에게 흔히 속삭이는 거짓말을 열거하라. 특별히 하나님에 관한 거짓말과, 하나님의 자녀의 신분과 특권에 대해 하는 거짓말은 무엇인가?

3. 요한계시록 12장 10절에서 사단은 "형제들을 참소하던 자"로 불린다. 사단이 신자들을 대적하여 행하는 참소에는 어떤 것들이 있는가? 그 결과는 무엇인가? 우리는 이러한 참소를 어떻게 분별하며 그리고 어떻게 대적해야 하는가?

4. 부모로부터 받은 영적 유산과 하나님의 자녀로서 갖게 된 영적 유산을 구별하는 것이 왜 중요한가?

10

그리스도인의 공격

영적 공격의 필요성

운동에 관한 오랜 격언 중에 "좋은 수비는 최상의 공격이다"라는 말이 있는데, 여기서 우리는 "좋은 공격은 최상의 수비다"라고 뒤집어서 말할 수도 있겠다. 그리스도인들은 대부분 적의 공격을 단지 중지시키는 것으로 만족하기 때문에, 적에 대한 수비 자세를 개발하는 수준은 매우 낮다. 이런 자세는 적에게 유리한 입장을 제공할 수 있다. 우리의 임무는 단지 적의 공격을 방어하는 것이 아니라, 적의 지역에 침공해 들어가서 포로들을 해방시키고 그들을 하나님 나라의 자유 가운데로 데려오는 것이다. 우리는 바울처럼, "그 눈을 뜨게 하여 어둠에서 빛으로 사단의 권세에서 하나님께로 돌아가게 하고 죄 사함과 그리스도를 믿어 거룩케 된 무리 가운데서 기업을 얻게"(사도행전 26:18) 하려고 세상에 보내졌다.

우리는 이 영적 전투에 임하는 군사로서, 십자가 위에서 확보된 승리를 안고 적을 완전히 물리치는 것은 시간문제라는 확신을 가지고 있다. 문제는 교회가 그 사실에 근거하여 행동하지 않는다는 것이다. 그리스도인들은 적을 향해 나아감으로써 그들의 임무를 다하는 대신, 가능한 한 그 전투에 참여하지 않으려고 한다.

구약 성경에 그러한 장면이 묘사되어 있다. 이스라엘 자손은 하나님으로부터 가나안 땅을 주겠다는 약속을 받았다. 하나님은 그들에 앞서서 천사들을 보내어 적을 몰아내겠다고 약속하셨다. 하나님은 애굽의 신들을 능가하는 그의 능력을 보여주셨으며, 그곳에 노예로 있던 그들을 데리고 나오셨다. 그리고 시내 산으로 향하는 여정에서 그것이 인간이든 자연이든 모든 적을 이기게 하셨다. 이렇게 하심으로써 하나님은 그의 약속을 이행하셨다. 그러나 이스라엘은 너무나 자주 부정적인 면에 초점을 맞추었다. 즉, 적의 힘, 광야 길을 가는 것의 어려움, 하나님의 능력보다는 성벽으로 둘러싸인 성읍과 거인들에게 초점을 맞춘 정탐꾼들의 부정적인 보고에 더 마음이 쏠렸다. 그 결과 그들은 광야에서 불필요하게 방황하며 38년을 보냈다.

우리는 "주님 광야 길 알고 계시네, 주님만을 따라가세"라는 찬양을 부른다. 만약 우리가 애굽의 고센 땅과 가데스 바네아 사이의 광야를 염두에 두고 이 노래를 한다면 그 생각은 전적으로 옳다. 그러나 만일 가데스 바네아로부터 싯딤에 이르는 광야에 대하여 말하고 있다면, 잘못된 것이다. 이스라엘은 그 광야에서 무의미한 싸움을 하면서 있어야

147

| 그리스도인의 공격 |

할 필요가 없었다. 그들은 가데스 바네아에서 약속의 땅으로 들어가서 가나안 땅을 행진하면서 그들의 유업을 주장했어야 했다. 광야에서의 방황은 평범한 영적 생활의 한 실례다. 대부분은 아니라 할지라도, 상당히 많은 교회들이 오늘날 이 광야에 서 있다.

광야에 있는 것이 가나안에 있는 것보다 더 쉽다는 느낌도 든다. 광야에서는 항상 만나가 있었고, 옷과 신은 닳지 않았다. 그리고 구름기둥이 움직일 때마다 그것을 따라가는 것 외에는 더 이상 할 일이 없었다. 그러나 가나안에서는 적들과 싸워 그들을 쫓아내야 했다. 그리고 농사를 지어야 했고, 전적으로 새로운 생활방식을 배워야 했다. 이스라엘 사람들이 "누가 가나안을 달라고 했는가?"하고 반문한 것도 당연하다.

마찬가지로, 오늘날 많은 사람이 주일에 영적 만나를 모으기 위해서 교회에 가는 것을 흡족해한다. 그러나 그들 자신이 농사를 짓는 것에는 대부분 관심이 없다. 그들은 누군가가 외국에서 이교도를 위해 무엇을 한다거나, 혹은 본국의 빈민촌에서 무엇을 하는 것을 기뻐한다. 그러나 누가 그곳에서 나타나는 문제에 기꺼이 직면하려 하겠는가? 그들은 이렇게 말한다. "이러한 귀신의 문제는 삶을 더욱 복잡하게 할 뿐이다. 따라서 가능한 한 그런 일에 관여하지 않는 것이 최선이다. 누군가 그러한 문제를 다루어야 할 사람이 필요하지만 나는 아니다."

가나안 정복은 전투 이상의 것을 우리에게 가르쳐 준다. 그것은 전투의 본을 우리에게 제시해 준다. 이스라엘이 적에 비해 더 많은 군사와 무기, 혹은 더 나은 전략을 가졌기 때문에 싸움에서 이긴 것은 결코 아니라는 것을 주목하라. 언제나 승패는 주님께 달려 있었다. 이스라엘 앞에서 적을 쫓아낸 것은 하나님이셨다. 모든 싸움에서 이기게 한 것은 영적 능력이었다. 하나님은 이스라엘이 장막 안에 있을 동안에는 행동하지 않으셨다. 그는 항상 이스라엘에게 할 일을 주셨다. 그들은 밖으로 나가서 적과 부딪쳐야 했다. 그리고 하나님이 주신 명령은 인간적인 관점에서 볼 때는 때때로 어리석고 위험부담이 큰 것이었다. 이를테면 이중벽으로 둘러싸인 성을 열세 번이나 행진해 돈다거나, 나팔을 불고 소리를 질러서 무슨 일이 일어날 것을 기대한다거나(여호수아 6장), 암몬, 모압, 세일 산 사람의 "엄청난 군대"를 대항하여 나갈 때 군대의 맨 앞에 성가대를 앞세워 보낸다거나(역대하 20장) 하는 것이 바로 그런 예다. 군사력을 갖추어 실제로 대결하라는 명령을 받은 적도 있었다. 하나님은 똑같은 방법을 두 번 사용하여 적과 맞서게 하지는 않으신 것 같다. 하나님께서 그렇게 하신 분명한 목적은 언제나 승리는 인간의 능력이나 영특함으로가 아니라 하나님으로 말미암는다는 사실을 알게 하기 위함이었다.

귀신의 세계와 직접적인 대결을 해 본 사람은 누구나 어떤 비슷한 점들을 인식할 것이다. 각 대결들의 차이를 가져오는 것은 우리가 아니라 항상 하나님이시다. 그는 사단과 대결하는 방법을 셀 수 없이 많이 갖고 계신 듯하다. 사단과의 대결에서 방법적인 문제는 그리 중요하지 않다. 정말 중요한 것은 하나님과 열린 관계를 갖는 것으로서, 그것을 통해 우리는 하나님의 인도하심을 분별할 수 있게 된다.

149

이스라엘이 어떻게 해야 할지를 하나님께 묻지 않았을 때 그들은 곤경에 빠졌다. 아이 성에서의 패배와 기브온 사람들에게 속은 것이 그 실례다(여호수아 7, 9장). 즉, 여호수아 9장 14절은 "무리가 그들의 양식을 취하고 어떻게 할 것을 여호와께 묻지 아니하였다"고 말한다. 사실 하나님의 백성이 하나님의 방법대로 일을 하지 못했을 때, 하나님은 적들을 통해 이스라엘이 따끔한 패배 가운데 수치심을 느끼게 하셨다(사사기 2장 10-15절 참조). 마찬가지로, 오늘날 자기들은 자동적으로 보호된다고 생각했거나 혹은 영적 전투를 가볍게 생각한 사람들은 결코 예상치 못했던 패배를 당할 것이다.

능력 대결

이러한 차원에서의 영적 전투를 선교학적 문헌에서는 능력 대결(power encounter)이라고 표현한다. 이 말을 처음 사용한 사람은 알렌 티펫(Alan Tippett)으로, 1969년 출판된 그의 책 「판결 신학」(Verdict Theology)에서 이 말을 사용하였다. 이 책의 "보편구원론과 능력 대결"이라는 제목의 장에서 그는 이렇게 말한다. "성경은 인간 영혼을 위한 승리냐 혹은 패배냐 라는 판결을 짓기 위해서 치르는 전투와 능력 싸움에 관해 분명하게 묘사하고 있다."[1] 능력 대결이라는 말은 1972년에 출판된 그의 책 「남 폴리네시아에 있어서의 종족 운동」(People Movements in Southern Polynesia)에서 몇 차례 나타난다. 그는 능력 대결의 실례들을 제시해 주지만, 그 말에 대한 일반적인 정의를 내리지는 않는다.

그러나 티펫은 능력 대결과 교회 성장은 큰 관계가 있다는 것을 분명히 했다. 그의 말을 요약하면 다음과 같다.

> 이방 종교로부터 개종하는 경우에는 …… 얼마나 많은 요소가 부락 사회에 작용하든지 간에, 집단 행동은 …… 어떤 특정한 시간에 특정한 장소에서의 능력 대결이 있어야 가능하게 된다 …… 그러한 증거가 나타나는 곳에서 교회들은 성장하기 시작한다.[2]

능력 대결이 정말로 어떠한 위치를 차지한다면 도대체 선교사역 혹은 전도사역에서 그것이 어느 정도의 위치를 차지해야 하느냐 하는 질문이 선교사역자들 사이에게 제기되고 있다. 능력 대결은 계속적으로 나타나는 평범한 것인가? 아니면 특별한 경우에만 일어나는 것인가? 앞에서 주장한 균형철학에 따라 나의 관점은 스펙트럼의 중앙 가까운 어디에 위치한다. 오늘날 많은 복음주의 교회가 영적 능력을 보이지 못하여 하나님의 영광을 나타내지 못하고 있다. 반면 교회 생활이 초자연적 역사의 연속이라고 기대하는 것은 성경에서 말하고 있는 교회의 모습과 부합하지 않는다.

미신과의 대결도 능력 대결의 실례로 보는 것이 타당할 것이다. 정령숭배자들이 말하는 능력의 개념은 성경적이 아니다. 그리고 우리가 살고 있는 세계에 대한 그들의 설명도 종종 잘못된 정보와 잘못된 가정에 근거한 것이다.

우리의 세계관은 초자연적 활동이나 영의 활동을 미신으로 간주하는 경향이 있다. 만일 이 책에서 제시한 세계관이 정확하다면, 우리가 다루어야 할 영적 능력이 실제로 존재한다. 만약 우리가 기독교는 세상에서 활동하는 악한 영들을 이길 수 있는 능력을 제공해 준다는 사실을 나타낼 수만 있다면, 미신에 대해서나 우리가 직면하고 있는 영들에 대한 해결책을 얻을 수 있게 될 것이다.

때때로 능력 대결은 성공적인 전도와 교회 개척에 있어서 필수적인 요소로 제시된다. 능력 대결이 어떻게 정의되느냐에 따라 그것은 사실일 수도 있고 사실이 아닐 수도 있다. 만일 기도가 능력 대결의 개념 속에 포함된다면, 나는 그러한 대결이 필수적이라는데 동의할 것이다. 그리고 나는 그것에 대한 경우를 12장에서 제시하고자 한다. 그러나 만일 능력 대결이 단지 악한 영들에 의해 나타나는 능력과 하나님의 종을 통해서 나타나는 하나님의 능력의 공공연한 대결로 간주된다면, 나는 능력 대결이 항상 필수적이라고는 생각하지 않는다.

때때로 사람들은 하나님이 기적을 보여주시면 믿기가 더욱 쉬울 것이라고 생각한다. 성경에서도 그러한 예를 볼 수 있다(사도행전 5:12-14, 8:4-8, 13:11, 12). 그러나 그러한 일이 일어나지 않은 예도 있다(요한복음 6:26, 7:5, 15:24, 사도행전 14:8 이하, 16:16-24). 예수께서는 여러 가지 기적을 행하셨음에도 불구하고 편히 지내지 못하셨다. 그리고 바울은 그가 행한 표적과 기사를 본 사람들로부터 온갖 고통을 당했다.

진리가 어떠한 형태로 제시되든지 그것을 거부하는 사람들은 항상 있다. 예수께서는 그러한 일을 항상 예상하라고 말씀하셨다(마태복음 7:13, 14, 요한복음 15:18-25). 그러나 어쨌든 그는 귀신들을 쫓아냈고 사람들을 치유하셨다. 그리고 제자들에게도 똑같은 일을 하라고 명령하셨다. 그는 그의 백성을 통하여 오늘날에도 치유하고 계신다. 더욱이 그는 오늘날도 사람들에게 악한 영의 능력을 이기게 해주신다.

내 말의 요지는, 영적 능력이 세상에서 일어나는 배후에서 여전히 작용하는 그러한 세상에서 우리가 살고 있다는 것이다. 그리고 우리는 하나님이 지휘하시고 그의 능력이 미치는 영역 안에서 활동할 준비를 갖출 필요가 있다는 것이다. 구약 성경에 나타나 있는 아이 성 사건에서 배우는 바와 같이, 우리는 자기의 판단으로 상황을 평가해서는 안 되며, 인간적인 자원을 계산하여 우리의 임무를 성공적으로 마칠 수 있을 것으로 기대해서는 안 된다. 오히려 우리는 하나님께 상황에 대한 평가를 맡기고 그의 목적을 수행할 자원을 얻기 위해서 그를 바라보아야 한다. 만일 우리가 삶의 환경을 대처하는 일에 있어서 하나님의 능력을 나타낼 수 없다면, 세상을 향하여 호소력 있는 메시지를 전하지 못할 것이다. 이미 말한 대로, 그러한 증거는 매일의 삶에서 일어나는 어려움을 극복하는 것에서부터 귀신을 쫓아내는 것까지 해당될 것이다. 그 모든 영역에서 하나님의 능력이 나타나야 한다.

토론 문제

1. 예수께서 그의 제자들에게 가르쳐 주신 기도에서 두 번째 간구인 "나라이 임하옵시며"라는 말을 숙고해 보라. 한 나라에 다른 나라가 임한다는 것은 무엇을 의미하는가? 영적 전투의 견지에서 이 기도가 의미하는 바를 생각해 보라.

2. 이스라엘 백성의 가나안 정복 사건은 오늘날 우리에게 영적 전투에 대해 어떤 통찰력을 주는가?

3. 마가복음을 끝까지 읽고, 거기서 만일 "능력 대결"을 제외한다면 어떻게 되겠는지 생각해 보라. 예수의 사역에서, 우리가 직면하는 영적 전투를 얼마나 비춰볼 수 있겠는가?

4. 오늘날 교회는 하나님의 능력을 나타내는 것에서 어느 정도까지 하나님의 역사를 기대해야 하는가? 특히 이제 교회가 세워지는 지역에서는 어떠한가?

11

사단의 궤계를
대적함

능력 대결이란 주로 선교사역에서 사용되는 용어로만 생각되어 왔으나, 이제 우리는 변화를 겪고 있다. 과거에 단지 타문화권의 배경에서만 이야기되었던 것을 바로 지금 우리 문화권 안에서 경험하고 있다. 사실 이 나라에서 증가하고 있는 신비종교의 희생자들을 위하여 사역하는 사람들이 이러한 일에 그다지 관여하지 않는 사람들보다 그러한 점을 더 잘 보는 듯하다. 그러나 공공연한 귀신의 활동이 증가하고 있다는 것은 의심할 여지가 없다. 어쨌든 그리스도인들은 우리의 영적 전투를 아무리 심각하게 받아들이지 않는다 해도 최소한 기도를 위한 근거로서 볼 필요는 있다.

이제 "이 세상 신"(고린도후서 4:4) 마귀의 주장에 대하여 교회가 공격적으로 도전하여 그에게 잡혀 있는 사람들을 구출해 낼 수 있는 방법을 생각해 보고자 한다.

전도

　　교회는 여러 가지 기능을 갖고 있다. 그 중에서 사람들을 "흑암의 권세에서 …… 그의 사랑의 아들의 나라로"(골로새서 1:13) 옮기는 전도야말로 교회의 가장 기본적인 기능이라 할 수 있을 것이다. 그리고 전도는 항상 일종의 능력 대결이 된다. 그것은 하나의 능력의 영역으로부터 다른 영역의 능력으로 옮기는 것, 즉 사단의 영역으로부터 하나님의 영역으로 옮기는 것이다. 회심에는 항상 영적 능력이 관계되는데, 정령 숭배자들의 세계에서는 우리보다 이 사실을 더 잘 이해한다.

　　이미 주목한 대로, 능력을 추구하는 것은 한 개인이나 집단이 다른 종교를 떠나서 기독교에 귀의하는 결정을 내리는 데 있어서 핵심 요소이다. 그것이 서구에서는 비교적 덜했는데, 이제 서구에서도 그런 식으로 되어 가고 있다. 바울은 회심을 "사단의 권세에서 하나님께로"(사도행전 26:18) 옮기는 것이라는 시각에서 바라보고 있다. 전도가 능력 대결을 수반한다는 것은 이런 의미에서다. 따라서 우리는 회심에 대한 신학 안에 능력의 개념을 포함시킬 필요가 있다. 즉, 사단의 능력의 영역으로부터 하나님의 능력의 영역으로 옮겨간다는 것과, 사람들이 삶의 위기에 찾으려 하는 능력에 대한 정의를 포함시킬 필요가 있다는 것이다. 우리의 신학은 분명히 그보다 많은 것을 포함할 필요가 있고, 구원의 토대는 그보다 더 넓어야 한다. 그러나 매우 많은 사람들이 자신들의 삶에 대하여 생각할 때 이 능력이라는 것에서 시작하기 때문에, 우리는 그들이 있는 곳에서 그들을 만날 준비가 되어 있어야 한다.

초대교회에서는 회심자들의 세례 준비 과정에 사단과 귀신들에 관한 가르침이 포함되어 있었으며, 세례 지원자는 귀신을 쫓아내는 의식을 통과했고, 따라서 세례의식 자체가 충성의 대상이 바뀌었다는 것의 표현이었다는 증거가 있다. 세례의식이 시작되면 세례 지원자는 세례탕에 들어가서 자신이 죄와 사단의 노예였다는 것을 겸손히 인정하는 뜻에서 무릎을 꿇고, 서쪽(해가 지는 곳으로 어둠과 귀신들의 지역으로 상징됨) 방향으로 얼굴을 돌렸다. 그러고 나서 마귀가 거기에 있는 양, "사단아 나는 너를 거부한다. 이제 너를 섬기지 않고 너의 모든 일을 포기한다"고 담대하게 선포했다. 그러고 나서 그들은 마귀를 쫓아내 버리는 상징으로서 마귀에게 입바람을 불어 보냈다. 성 암브로스(St. Ambrose)는 마귀를 거부한다는 뜻으로, 또 그리스도 안에서 의심할 수 없는 권세의 지위를 나타내기 위해서 마귀의 얼굴에 침을 뱉게 했다고 전해진다.[1]

그러고 나서 세례자들은 부활하고 승리하신 그리스도를 상징하는 동쪽을 향하여, "그리스도여, 이제부터는 당신을 섬기는 삶을 시작하겠습니다"라는 충성을 다짐하였다. 또한 세 가지 핵심 진리를 강조하기 위해서 안수하고 기름 붓는 것이 이 의식에 포함되었다. 세 가지 진리는 귀신의 능력으로부터 해방되는 것과, 그리스도의 피로 깨끗케 되는 것, 그리고 성령으로 충만케 되는 것이다. 이 중 두 가지는 오늘날도 여전히 세례의 핵심 진리로 강조한다. 그러나 세례 의식에서 귀신을 거부하는 과정이 배제된 것은 귀신들의 활동에 대한 인식이 결핍된 서구적 세계관이 반영된 것이다. 그러나 그러한 개념과 세례 의식이 정령숭배나 많은 민속종교로부터 그리스도에게로 돌아오고 있는 회심자들에게 얼마나 큰 영향을 미치는지는 쉽게 볼 수 있다.

이것이 우리가 섬기는 사람들의 신앙체계에 맞게 기독교를 상황화시켜야 한다는 것은 아님을 지적하고 넘어가야겠다. 죄악된 영적 유산을 단절하고, 하나님의 가족으로 입양된다는 사실에 근거해서 영적 유업을 확립하는 것은 회심의 한 과정이 되어야 한다. 종종 상담과정에서도 초기 단계에 이것을 하는 경우가 있다.

어느 날 한 학생부부가 내게 와서, 그들은 아프리카에 선교사로 가기를 원하지만, 아내의 건강 때문에 발이 묶여 있다고 말했다. 그들과 이야기하는 중에, 나는 그녀의 가족 중에 마술적 치유도 행하는 신비종교 활동에 연루된 사람이 있었다는 것을 발견했다. 나는 그들에게 이것을 거부하고, 또 하나님께서 보여주시면 그들의 과거로부터 유래한 모든 것을 거부하라고 충고했다. 그리고 귀신들의 능력에 대해서 그리스도 안에서의 그들의 신분을 주장하라고 권면했다. 그들은 이렇게 하였고, 그러자 즉시 그 아내의 상태가 좋아지기 시작했다. 그들은 학생팀과 함께 단기선교사로 아프리카에 갔으며, 그 아내는 거기서 큰 활약을 하였다. 지금 그들은 아프리카에 장기선교사로 가 있다.

회심과 세례 시 이러한 중대한 문제를 다루지 않는 것은 대부분의 선교지에서 발달해 온 혼합주의와 밀접하게 연관되어 있다. 우리가 사단과 귀신의 일을 심각하게 받아들이지 않고 그들에 대하여 십자가의 능력을 적용하지 못할 때, 귀신들은 그 사람이 비록 그리스도인이라 할지라도 계속 괴롭힐 수 있다. 그들로부터 자동적으로 보호되는 것이 아니며, 귀신들은 우리의 약점이나 잘못된 믿음을 이용하기를 기뻐한다.

신비종교에 연관된 물체를 파괴하라

어떤 사람이 자신의 몸을 정결케 하고 신비종교에 관련된 물건을 없애는 것은 자신의 영적 유산을 거부하고 신비종교 활동을 포기하는 것이다. 사도행전 19장에서 마술에 관한 책들을 태운 것도 그 배후에 이런 이유가 깔려 있다. 이것은 단순히 그러한 행위를 그만둔다는 것을 상징할 뿐 아니라, 그 물체들의 배후에 있는 귀신의 능력에 대한 공개적인 도전이다. 우리는 물체와 귀신들 사이의 관계, 즉 물체는 그 자체로는 아무런 능력을 가지고 있지 않다는 것을 이미 논의하였다. 또한 미신에 대해서도 간단히 살펴보았다. 그러나 우리가 물체에 어떠한 능력도 연관되어 있지 않다고 가정한다면, 귀신에게 계속해서 그 물체를 통해 그들의 능력을 나타내도록 허용하는 셈이 된다.

토템 동물, 새, 파충류에 거주하는 것으로 생각되는 능력에 도전하는 것도 이것과 관련되어 있다. 알랜 티펫은 그의 글에서 이러한 유형의 능력 대결에 대해 이야기한다. 그는 폴리네시아의 한 추장이 신자가 된 후에 있었던 일을 예로 든다. 그 추장은 자신이 올바른 결정을 내렸다는 것과 자신의 결정을 모두가 따라야 한다는 것을 다른 지도자들에게 납득시키기가 매우 어려웠다. 그는 결국 신성한 바다거북의 살을 먹음으로써 그 거북의 배후에 있는 영들에게 도전하고, 이로써 새로운 신앙의 능력을 나타내 보였다. 그가 그렇게 하였어도 아무런 재앙이 나타나지 않자 사람들은 변하기 시작했다. 티펫은 다음과 같이 보고한다.

> 그리스도의 능력을 보여준 것이 종교를 바꾸고 싶어했던 사람들에게 마음을 결정할 계기를 마련해 주었다. 사람들은 순회 전도자들로부터 별 확신 없이 들은 것들을 신뢰하게 되었다. 큰 문이 선교사들에게 열렸다.[2]

어떤 사람들은 거기에서 나타난 "증거"는 처음부터 토템 안에 어떤 능력도 없었으며 시작부터 미신이었다는 것을 보여주었다고 말한다. 우리는 정령숭배자였다가 돌아선 사람들에게 광범위한 교육을 하고 난 후에도 그 사실을 납득시키는 데 성공하지 못했다. 한 아프리카 학생은 그의 나라는 교육 수준으로서나 그리스도인의 비율로서나 아프리카에서 진보한 나라인데도, 한 지도급 변호사가 죽어서 그의 미망인이 장례 준비를 하고 있을 때, 그 남편의 출신부족 지도자들이 나타나서 그의 시신을 요구했다고 했다.

그들은 시신이 부족 지역에 묻혀야 한다고 주장하면서, 그렇게 하지 않으면 영들과의 관계에서 큰 문제가 발생할 것이라고 했다. 그 아내는 그 부족 출신이 아니었다. 그래서 그녀는 남편이 일하고 죽었던 도시에 시신을 묻어야 한다고 주장했다. 결국 그 사건은 최고 법정까지 이

| 영적 전투 |

르렀고, 기독교 지도자들이 증인으로서 소환되었다. 그러나 그들은 영들 세계와의 문제를 피하기 위해 부족 지역에 시신을 묻는 것이 좋겠다고 하였다.

이러한 혼합주의는 많은 교회 안에 현존하고 있다. 그것은 우리가 영적 능력의 문제를 똑바로 다루지 않았기 때문이다. 만일 영적 능력이 실제로 존재한다면 그것을 이기기 위한 능력이 필요하다. 그리스도께서 그 능력을 제공해 주신다. 그러므로 실제적이든 가상적이든 영들이 우리에게 행할 수 있는 일에 대하여 두려워할 필요가 없다. 이 점에 있어서 훌륭한 신학은 미신뿐 아니라 실재하는 것에 대해서도 다룬다.

치유

능력을 증거하는 것에 치유가 포함된다. 이 주제는 널리 논의되어 왔으며, 여기서는 다른 견해들을 요약하지 않을 뿐더러 내가 말하고자 하는 것이 그 문제에 대한 해결책을 주리라고 생각하지 않는다. 그러나 나는 우리의 육체를 치유하는 것에 대해서 하나님을 신뢰하지 않는 선교사들은 정령숭배의 신앙을 갖고 있는 사람들에게 기독교가 능력의 종교라는 사실을 확신시키기가 어렵다는 것을 발견할 것이라고 확신한다.

치유가 예수의 사역에서 빼놓을 수 없는 부분이었다는 것은 의심할 여지가 없다. 그리고 나는 제임스 칼라스가 그의 책 「The

Significance of the Synoptic Miracles」에서 주장한 것에 동의한다. 칼라스는 치유와 귀신 쫓기가 예수의 메시야 신분을 확증하고 또 그의 메시지를 정당화한 것은 사실이지만, 오직 그 이유만을 위하여 행하신 것은 아니었다고 주장한다. 그럼에도 불구하고 치유와 귀신 쫓기는 예수의 사역에서 빠뜨릴 수 없는 부분이었다. "이 세상의 신", 강탈자의 능력을 몰아내는 것은 진리의 선포에 의해서뿐 아니라 하나님의 능력을 과시하는 것을 통해서도 이루어졌다. 그리고 사역의 이러한 두 가지 요소는 오늘날에도 계속 유효하며, 교회가 세워지고 있는 선교 개척지에서는 더욱 그러하다.

그러한 "기적들"은 성경 역사에 있어서 어떤 특정한 시대에만 있었던 것이고 오늘날에는 기대할 수 없는 것이라는 주장이 있다. 그러나 그러한 주장은 설득력이 없으며, 특히 교회가 존재하지 않았던 지역에서 교회를 개척할 때에는 더욱 그러하다. 하나님은 복음 메시지의 진실성을 증명하기 위해서 사도 시대에 하셨던 것처럼 오늘날에도 치유와 귀신 쫓는 일을 하고 계시는 것이 분명하다. 그리고 그러한 사역은 단순히 말로만 전한 메시지에 대한 확증이 아니라, 여전히 우리 전체 사역에서 절대적으로 필요한 부분이다. 우리의 믿음은 기적에 기초를 두는 것이 아니라 진리에 기초를 두어야 한다. 하나님께서 여전히 우리 삶의 모든 영역에서 능력을 나타내시는 것은 진리다.

중국 본토에 있는 교회에서 있었던 일은 그 하나의 예다. 1983년에 다음과 같은 보고가 나왔다.

해남성에 있는 마을에서는 …… 1년 전에는 단지 여섯 명의 그리스도인만 있었다. 오늘날 그 숫자는 천 명이 넘게 늘어났다. ……

마을 사람들은 이 놀라운 현상에 대하여 두 가지 이유를 꼽았다. 첫째, 많은 표적과 기사가 거기에서 나타났다. 병원에서 죽은 것으로 선고되어 사흘 동안 살아 있는 표시도 전혀 없던 어떤 마을의 소녀가 되살아났다. 그리고 18년 동안 다리를 절었던 남자가 치유되었다. 둘째, 담대함과 권세를 가지고 복음을 전했던 훌륭한 지도자들이 거기에 있었다.[3]

이러한 능력이 크게 나타나자 해남성의 공산당 관리들이 지침서를 작성하여 교회에 전달했다. 그 지침서에는 "아픈 사람을 위하여 기도하지 말고 귀신을 쫓지 말라"는 내용이 들어 있었다.[4]

이와 비슷한 보고가 세계 곳곳에서 들어오고 있다. 하나님은 우리의 세계관이나 믿음의 수준에서 가능하리라고 생각했던 것 그 이상으로 행하실 준비가 되어 있으며, 또 행하시고 있다. 모든 족속 가운데 교회를 세우는 임무를 완성하기 위해서는 우리의 지휘관과 깊은 접촉이 있어야 한다. 그는 여전히 그의 능력을 통해 우리에게 승리를 주신다.

그러나 이렇게 말하면서도, 우리는 인간의 고통이 다양한 원인에서 비롯되며, 따라서 치유를 구할 때 필수적으로 그 원인을 고려해야 한다는 것을 인식한다. 신체적인 고통은 사고에 의해서, 유전적인 병에 의해서, 우리의 환경 안에 있는 유기물에 의해서, 감정에 의해서, 죄에 의해서, 귀신에 의해서, 그리고 하나님의 섭리에 의해서 생길 수 있다.

모든 경우에 있어서 어느 정도는 섭리가 개입되어 있다. 그러나 내가 말하는 요점은 하나님은 단지 증상만이 아니라, 근본적인 원인을 다루기 원하신다는 것이다. 예를 들어, 만일 죄로 인한 병이라면 우리가 죄의 문제를 다루려고 하지 않는 한, 치유를 위해 기도하는 것은 아무런 도움이 되지 못한다.

그 전형적인 예가 데이빗 씨맨즈(David Seamands)의 경우다. 씨맨즈는 인도 선교사의 2세였다. 그 또한 심각한 천식 증세가 있었다. 과거에 기도를 받아 왔으나 아무 변화도 없었다. 그런데 어느 날 그는 분을 품는 것이 천식과 같은 병을 야기시킬 수 있다는 글을 읽었다. 그것은 흥미로운 사실이었으나, 그는 자기의 죄는 예전에 다 해결했으며 현재 아무 분도 품고 있는 것이 없다고 확신했다. 계속 글을 읽어 내려갈 때, 주님께서 계속해서 "어머니에 대해서는 어떠냐?"라고 말씀하셨다. 절망감 가운데, 그는 결국 아내에게 혹시 자기와 어머니의 관계에서 자연스럽지 못한 부분을 느꼈느냐고 물어보았다. 그녀는 느끼기는 했지만, 너무 미묘해서 말할 수 없다고 말했다. 그래서 씨맨즈는 어머니에 대한 그의 감정을 쭉 살펴보기 시작했다. 그가 그렇게 하였을 때, 천식 증상이 사라지게 되었다.[5] 이 경우에 있어서 치유는 믿음의 결과로 나타난 기적이 아니었다. 그것은 순종의 결과로 나타나는 하나님의 역사였다. 그러나 용서라는 순종이 없었더라면, 하나님은 치유를 위한 기도에 응답하실 수가 없었을 것이다.

루스드라에서 있었던 바울의 경험은 치유와 사역이 함께 조화를 이루는 것을 보여주는 좋은 예다. 바울의 설교를 듣고 있던 사람들 가운데 나면서부터 앉은뱅이였던 사람이 있었는데, 그와 시선이 마주쳤을 때 바울은 "구원받을 만한 믿음이 그에게 있는 것을 보았다"(사도행전 14:8-10)고 한다. 그런데 바울은 "내게 치유의 은사가 있으니 가서 몇 사람을 치유해야겠다"고 하지 않았다. 분명히 그는 루스드라를 여기저기 돌아다니면서 모든 사람을 치유하지 않았다. 단지 성령께서 감동을 주시면 그에 반응하였다. 성령께서는 그가 하고자 하실 때 바울에게 치유의 은사를 주셨다(고린도전서 12:11).

이에 대한 근래의 예는 몇 년 전에 있었던 인도네시아의 부흥에서 볼 수 있다. 쿠르트 코흐(Kurt Koch)는 거기에서 조사했던 치유의 실례를 보고한 후 이렇게 말했다. "이것은 팀 구성원들이 그들이 원할 때는 언제나 사람들을 치유할 수 있다는 것을 의미하지는 않는다. 오히려 그들은 각 경우마다 주님께 여쭈어본다."[6] 좋은 뜻을 갖고 있는 사람들이 하나님께 여쭈어보고 그 문제의 근원을 파악해 보기도 전에, 치유를 주장하거나 귀신을 쫓아내려고 함으로써 오히려 사람들에게 많은 해를 입혔다. 우리는 때때로 아이 성의 전투가 주는 교훈, 즉 죄의 문제가 처리되지 않았을 때 하나님이 능력 가운데 역사하실 것을 기대할 수 없다는 교훈을 잊는다.

그리스도인의 삶은 균형유지를 위해 박진감 있게 나아가는 과정이라는 것은 참으로 사실이다. 그리고 치유사역에서는 더욱 그렇다.

공개적인 대결

선교사역의 일부가 될 수도 있는 또 다른 유형의 능력 대결은 신비종교 마술을 행하는 자와의 공개 대결이다. 바울은 바보에서 박수 엘루마와 공개적으로 마주쳤다. 잇달아서 일어난 능력 대결은 하나님의 능력이 엘루마가 알고 있는 그 어떠한 능력보다도 훨씬 더 크다는 것을 증거하였다. 그리고 그것은 총독이 믿게 되는 데 큰 역할을 하였다. 누가는 "총독이 그렇게 된 것을 보고 믿으며 주의 가르치심을 기이히 여겼다"(사도행전 13:12)고 말했다.

나는 이것을 몇 년 전에 선교 문헌을 통해서, 특히 존 패튼(John Paton)의 전기를 통해서 처음 알게 되었다. 이것은 비행기나 라디오가 없던 시대의 이야기다. 그때는 돛단배가 사람을 그 열도 중의 하나에 떨어뜨려 놓으면 다른 돛단배가 올 때까지 기다려야 했다. 위급한 일이 생겼을 때에라도 다른 선택의 여지가 없었다. 그러한 상황에서 패튼은 어느 날 저녁 한 마을의 조그만 모임에서 복음을 전하고 있었다. 그는 그 지역에서 강력한 마술사로 알려진 세 사람이 그 모임에 있는 것을 알아보았다. 그들은 전에 몇 차례 그들의 능력을 나타내 보였던 적이 있었다.

패튼이 설교를 마쳤을 때, 그들이 말했다. "선교사 양반, 우리는 당신이 말하는 여호와를 필요로 하지 않소. 우리는 나학(Nahak)의 능력으로 당신을 죽일 수도 있소." "나학"은 그들에게 능력을 주는 영들 중 하나였다. 그런 경우 선교사가 무엇을 하겠는가? 패튼에게는 정말로 선택의 여지가 없었다. 그를 도와줄 동료 그리스도인도 주위에 없었다. 그러나 그는 주저하지 않았다. 그는 이 사람들이 접촉으로 전파된다는 마술을 믿고 그것을 행한다는 것을 알았다. 즉 그들은 어떤 사람의 몸에 한 번 접촉되었던 것은 계속해서 그 몸과 접촉되며 따라서 그 사람의 몸이 연장된 것으로 믿었다. 그래서 패튼은 과일 세 조각을 집어서 각각 한 입씩 먹고, 그것을 세 명의 마술사에게 주며 공개적인 도전을 청했다.

> "여러분은 내가 이 과일을 먹는 것을 보았습니다. 그리고 내가 그 나머지를 여러분이 신성하게 여기는 사람들에게 주는 것을 보았습니다. 그들은 나학을 통해서 나를 죽일 수 있다고 말했습니다. 자, 활이나, 창, 몽둥이나 총을 사용하지 않고 할 수 있으면 나를 죽여 보십시오. 나는 그들이 마술을 통해서 나를 대적할 수 없다는 것을 압니다."[7]

일주일이 지나도 패튼에게 아무런 해를 입힐 수 없자 그들은 창으로 위협하려 했는데, 하나님은 그들의 팔이 공중에서 굳어버리게 하심으로써 그들이 창을 던질 수 없게 하셨다. 그러자 사람들은 선교사가 단순히 말로만 전할 때에는 듣지 못했던 복음을 이제 명확하게 "들었다."

아부(Abou)는 회심하기 전에는 부르키나파소(Burkina Faso)의 무슬림 마술사였다. 그러나 자기를 그리스도께로 인도한 선교사들로부터 기초적인 가르침을 받은 후, 그는 그의 종족에게 가서 사역을 시작했

| 사단의 궤계를 대적함 |

다. 그러나 오래지 않아 그 지역의 마술사들은 아부를 제거하려고 시도했다. 그의 변화된 삶과 확신에 찬 증거는 그의 종족에게 큰 영향력을 미치고 있었다. 수차례의 살해 시도가 있은 뒤에, 그 지역에서 가장 강력한 마술사로 이름난 마쿠라(Makoura)라는 여인이 아부에게 자기 마을에 와서 설교를 해달라고 요청하였다. 그녀는 악령의 능력을 받아 수백 명의 사람을 죽였다고 알려져 있었다. 그녀가 아부를 초청한 진짜 목적은 그의 설교를 듣기 위해서가 아니었다. 로렌 엔츠(Loren Entz)는 그때의 일을 이렇게 보고한다.

아부는 빌린 자전거를 타고 갔다. 그는 녹음기, 카세트테이프, 성경 그림, 그리고 갈아입을 옷을 가지고 갔다. 갑자기 폭발음과 함께 자전거가 불길에 휩싸였다. 아부는 교육 자료만을 가진 채 기적적으로 다치지 않고 피했다. 그러나 다른 모든 것은 타 버렸다. 모래를 가지고 왔더라도 즉각 그 불을 끌 수가 없었을 것이다. 그러나 아부는 포기하지 않고 목적지까지 걸어서 갔다.

그가 도착했을 때, 마쿠라가 소리 질렀다. "당신이 어떻게 여기까지 왔소? 이미 죽었어야 하는데."

아부는 대답했다. "당신의 초대를 받아 예수의 능력을 가지고 왔소." 마쿠라는 그 능력이 어떤 것인지 말해 달라고 요청했다. 그는 악령의 집에서 그날 밤을 보냈다. 그 악령은 더 이상 그 집에 머무를 수가 없었는데, 예수와의 능력 대결에서 승리할 수 없었기 때문이다.[8]

많은 사람이 이러한 이야기를 받아들일 만한 세계관을 갖고 있지 않다. 그러나 마쿠라가 그 후에 그리스도인이 되었으며, 그 지역의 다른 많은 사람들도 그렇게 되었다는 것은 사실이다. 누군가가 그리스도의 능력을 갖고 적과 대결할 준비가 되어 있지 않았더라면 그런 일은 일어나지 않았을 것이다.

성경은 우리에게 그러한 상황을 만들기 위해서 "사자굴"에 들어가라고 말하지 않는다. 그러나 그들과 맞섰을 때 승리할 수 있는 믿음과 용기를 갖고 있어야 한다.

귀신을 쫓아냄

능력 대결의 보다 명백한 유형은 귀신을 쫓아내는 것이다. 불행하게도, 선교사들이나 전도자들, 혹은 목회자들 중 소수만이 귀신의 문제를 다룰 준비를 갖추고 사역에 들어간다. 선교지에서는 현지 목회자들이 그러한 문제를 다룰 수 있을 것이라고 기대한다. 그러나 항상 그렇지만은 않다. 현지인 목회자들이 서구 선교사들이 운영하는 학교에서 교육받았을 때는 특히 그렇다. 그러나 그러한 대결에서 능력을 나타내는 것은 저항적인 사람들의 마음을 여는 열쇠가 될 수도 있다.

보르네오의 서 칼리만탄에 있는 중국인들 가운데 여러 해 동안 복음전파 활동이 있었다. 중국에서 이민 온 사람들 가운데 기독교 신앙을 갖고 있는 사람들이 있었는데 그들로 말미암아 두 개의 고투하는 교회가 생기게 되었다. 공산주의자들이 중국을 장악하면서 중국 사회에 분열을 가져왔고 그 영향이 교회에도 미쳤다. 이전에 중국내지선교회(China Inland Mission)였던 해외선교회(Overseas Missionary Fellowship)의 당시 인도네시아 책임자는 그 상황에 대하여 이렇게 말한다.

> 그들은 상인이거나 금융업자이기 때문에 영적인 일에 시간을 낼 수 있는 사람이 거의 없었으며, 따라서 복음에 대하여 거의 관심을 보이지 않았다. 한편으로 그들은 노소, 빈부를 막론하고 모든 삶에서 속박을 받으며, 사단과 그의 사자들의 노예로서 살았다. 그리고 그들은 자기 재산만큼이나 실제적이었던 악령을 끊임없이 두려워하면서 살았다.[9]

1952년 해외선교회가 이 지역에 들어가기로 결정했을 때, 그들은 "그러한 상황에서 일해 봐야 어떠한 결실을 기대하기는 어려울 것"이라는 말을 들었다. 처음 몇 해 동안은 그 말이 사실인 것 같았다. 그 기간에 그들은 모두 다섯 명의 개종자를 보았을 뿐이다. 그 지역 책임자였던 조지 스티드(George Steed)는 이렇게 말한다.

> 그러나 무슨 일인가 일어나기 시작했다. 그리고 그 다음 몇 해 동안, 1,500명 이상의 사람들이 하나님의 은혜로 구원을 받았다. 정치적인 벽들이 무너졌다. 몇 년 동안 복음을 거부하던 굳은 마음들이 녹아 내렸다. 마귀를 섬기던 삶에서 주님을 섬

기는 삶으로 변화되었다. 젊은이들은 서로 연합하여 전도단을 만들었으며, 시골 마을에 와서 복음을 전해 달라는 긴급한 초청에 응했다. 또 어떤 젊은이들은 전임 사역자로 헌신했으며 성경학교와 신학교에서 훈련을 받고자 했다. 몇 사람은 국내 사역자로서 다른 섬들로 갔다.[10]

서 칼리만탄은 해외선교회 사역 가운데서 가장 빛나는 사역지가 되었으며, 교회는 크게 번성하였다. 그 이유를 묻는 질문에 스티드는 이렇게 대답했다.

우리는 전 세계 성도의 신실한 기도에 힘입어 준비와 인내, 충성스럽게 씨 뿌리고 물 주었던 기간을 간과하지 않는다. 그러나 **주님의 종들이 어둠의 세력에 정면으로 도전하고, 귀신들린 자들로부터 나올 것을 주님의 이름으로 명령했을 때, 지옥의 문이 열리기 시작했고 사로잡힌 자들이 풀려났다는 것은 단지 우연이 아니라고 믿는다.**[11]

나는 이것이 어려운 선교지들을 위한 만병통치약이라고 말하는 것이 아니다. 그러나 귀신들이 사람들을 지배한다는 사실을 진지하게 받아들일 때 얼마나 많은 "저항적인 사람들"이 복음에 대하여 마음이 열릴 것인가는 두고 보아야 할 일이다.

그러나 모든 그리스도인이 개입되어 있는 이 영적 전투에서 우리는 공격적인 자세를 취해야 한다. 우리는 가만있다가 적의 공격을 받기만 해서는 안 되며, 적의 영토를 침공해야 할 임무를 부여받았다.

토론 문제

1. 글자가 없는 문맹사회에서는 더욱 그러하지만, 의식은 진리를 표현하는 것이다. 그렇다면 세례는 회심에 관한 어떤 진리를 표현하는 것인가? 회심자들의 삶과 세상을 향한 증거에 보다 유익을 주기 위해서 교회는 세례를 어떻게 사용할 수 있는가?

2. 선교사들이 직면하는 영적 전투의 성격을 이해할 때 그들을 위한 우리의 기도가 어떻게 달라지겠는가?

3. 당신은 기독교 진리를 전달할 때 나타나는 영적 능력이 어떤 역할을 한다고 생각하는가? 이 능력은 어떤 방식으로 나타날 수 있는가?

4. 바울은 "성령의 나타남과 능력으로"(고린도전서 2:4) 복음을 선포한다고 말했다. 능력 없이 전하는 것과 능력을 가지고 전하는 것의 차이는 어디에서 오는가?

12

최선의 무기

"행함이 있는 곳에 기도가 있다. 잘 조직되고 체계적인 기도 프로그램을 가지고 있지 않은 교회는 단순히 종교적인 쳇바퀴만을 돌리고 있는 것이다."[1] 다소 강력한 어조지만 이러한 말은 우리가 개입되어 있는 영적 전투의 핵심을 보게 한다. 교회의 기도회는 조직적이고 체계적일 필요가 있을 뿐 아니라, 올바른 신학과 세계관에 뿌리를 두어야 한다. 목회자들은 단지 얼마나 많은 사람이 기도회에 참가하고 있는가에 대해서만 이야기한다. 그들은 사람들이 기도하는 법을 정말로 배우고 있는가 그리고 그들의 기도들이 응답되고 있는가에 대해서는 잘 이야기하지 않는다. 기도의 기초는 우주를 주권적으로 다스리시는 하나님께 우리가 기도하고 있는가 그리고 우리가 어둠의 세력과 싸울 때 하나님께서 승리를 주실 수 있다는 것을 믿는가 하는 것이다.

나는 마치 전시에 싸우고 있는 부대에 보급 물자를 보내는 병참 부대와 같이, 기도를 영적 보급 활동으로 묘사하곤 했다. 2차 세계대전 중 우리의 전선활동을 위해서 물자를 보급해 주기로 되어 있었던 부대는 전선에서 느끼는 것과 같은 긴장감을 느끼고 있지 않았다. 그 결과 우리는 포병부대가 우선적으로 생포한 적들의 총과 탄약을 사용해야 했을 정도로 보급부대는 할당제로 배급하였다. 내가 군종병으로서 모시고 있던 군목은 심지어 휘발유 배급조차도 받지 못했다. 왜냐하면 그는 부대의 작전에 전략적으로 중요하다고 생각되지 않았기 때문이다. 사역의 최전선에 있는 사람들을 위해서 기도하지 않는 사람은 우리에게 보급품을 갖다 주지 않았던 병참부대에 비유될 수 있다. 나는 이제 그것을 약간 다르게 본다.

기도는 후방부대의 활동이 아니다. 기도는 영적 전투의 최전선이다. 그것은 "정사와 권세와 이 어두움의 세상 주관자들과 하늘에 있는 악의 영들에게 대한"(에베소서 6:12) 우리의 씨름에서 최선의 무기다. 그것은 마치 고든(S. D. Gordon)이 「기도의 고요한 대화」(Quiet Talks on Prayer)에서 말한 바와 같다. "기도는 숨어 있는 적을 향해 승리의 일격을 가하는 것이다. 그리고 사역은 우리가 보고 접촉하는 사람들 가운데서 그 타격의 결실을 거두어들이는 것이다."[2] 어떤 의미에서 기도는 전투에서 필요한 무기가 아니라고 말하는 것이 옳을 것이다. 기도는 전투 그 자체다. 그것이 바로 끈기 있는 기도를 하기가 그렇게 어려운 이유다.

앞에서 우리는 모든 그리스도인이 최전선에서 강력한 공격을 가할 수 있는 한 가지 방법이 있다고 말했다. 전투를 하는 사람은 단지 선교사들이나 전임사역자들만이 아니다. 기도하는 모든 그리스도인이 이 전투에 참가하고 있는 것이다!

그러나 우리 모두 개입되어 있는 전투에 있어서 최선의 무기인 기도에 대해 살펴보기 전에, 또 하나의 개념을 숙고할 필요가 있다.

지역 귀신들을 다룸

최근에 막 심각하게 받아들여지기 시작하고 있는 영적 전투의 한 영역은 지역 귀신들과의 대결이다. 다니엘서에 나오는 바사 왕과 헬라 왕(다니엘 10:13, 20)에 대한 이야기를 포함해서 구약 성경에 나오는 각 나라의 신들에 관한 이야기들이 우리에게 성경적인 시각을 제공해 준다. 또한 "강한 자"(마태복음 12:29)를 결박하는 것에 대한 예수의 말씀과, 그리고 정사와 권세에 대한 신약 성경의 언급도 이에 해당된다.

나는 정말로 사단이 귀신이나 귀신들의 군대를 세상의 곳곳에 배속시킨다는 것과 그 귀신들이 우리가 씨름하는 정사와 권세 가운데 포함된다는 것을 믿게 되었다. 내가 이런 생각을 갖게 된 것은 캐나다에 있는 한 아메리카 인디언 마을에 간 신임 선교사에 관한 글을 읽었을 때 그가 처한 하나의 선교적인 상황으로부터였다. 한 노련한 선교사가 신임 선교사에게 그곳은 마을의 귀신과 전투를 치를 준비를 하고 가는 것이 좋겠다고 말해 주었다. 그 젊은 선교사의 세계관이나 그동안 받은 훈련으로는 그러한 부분에 대한 준비가 전혀 없었고, 따라서 그 선교사와 가족은 더 이상 생각해 보지 않고 그곳으로 들어갔다. 그러나 얼마 되지 않아서 그의 아내가 아프게 되었고 본국으로 돌아가야 했다. 그 후에 그의 아들도 아프게 되어 역시 본국으로 돌아가야 했다. 그 젊은 선교사는 몸을 따뜻하게 하기 위해서 등을 난로 쪽으로 대고 오두막에 홀로 서 있었다. 그때 난로 연통에서부터 나오는 듯한 무시무시한 소리가 들렸다. 갑자기 무엇인가가 그의 등위로 뛰어 올랐다. 눈에는 아무것도 보이지 않았고, 그는 간신히 의자까지 비틀거리며 걸어가서 앉았다. 그 "무엇"은 자기가 그 마을의 귀신이라고 스스로 신분을 밝혔고, 전투는 시작되었다. 그 선교사는 그리스도 안에서 그의 신분을 주장할 만큼 영적 전투에 대해 충분한 지식이 있었다. 그래서 그는 말했다. "좋다. 너, 이 마을의 수호 귀신아. 어디 결판을 내 보자. 예수 그리스도께서 나를 여기에 보내셨다. 나는 죽을지라도 떠나지 않을 것이다. 내 목숨은 주님 손 안에 있다." 갈보리의 승리를 주장하면서, 그리고 내내 헐떡거리면서 30분을 싸우고 난 후에, 그 귀신은 왔던 그대로 떠났다. 그리고 그는 남아서 사역을 계속했다.[3]

성경번역 선교사들은 두 가지 점에서 특히 어려움을 갖는다고 하였다. 하나는 새로운 부족에게 처음 들어갈 때이고, 다른 하나는 완성된 신약 성경이 전달될 때이다. 사단이 이때 특별한 어려움을 불러일으키는 까닭은 명백하다. 사단은 자기가 반역했던 주님의 군대에 의해서 그의 영토가 침공되는 것을 보면서 가만히 있으려고 하지 않는다. 그리고 하나님의 진리가 그 부족이나 그 나라 사람들을 지배하는 데 이용해 온 자기의 거짓말을 끊어버리도록 가만히 보고만 있지 않는다.

지역 귀신을 다루는 것이 어떻게 선교사역의 다른 많은 문제들과도 연관되는지 솔직히 우리는 잘 모른다. 왜냐하면 우리는 그것을 가능한 일로조차 생각해 오지 않았기 때문이다. 그러나 최근에 일어난 몇 가지 일로 인해 우리는 이 부분에 주의를 기울이게 되었다. 예를 들어, 브라질과 우루과이의 경계에 한 마을이 있었는데, 그 마을의 주요 도로가 국경선이다. 도로의 한쪽 편은 브라질이고, 다른 한쪽 편은 우루과이다. "World MAP"의 랄프 머호니(Ralph Mahoney)는 이 마을에서 전도책자를 나누어주고 있던 한 선교사에 대하여 이야기한다. 그 도로의 우루과이 쪽 사람들은 반응이 매우 좋지 않았다. 그들은 판에 박힌 듯이 전도책자를 거절하거나 받자마자 던져버렸다. 그러나 우루과이 쪽에서는 책자를 거절했던 사람이 브라질 쪽으로 건너가서는 그 책자를 받고서 크게 감사하였다. 선교사는 이것을 주목하였다. 그리고 이것은 그에게 호기심을 불러일으켰다. 그래서 잘 관찰해 보았더니, 몇 사람이 더 그와 같은 행동을 하였다. 피터 와그너(Peter Wagner)는 이렇게 보고한다.

> 후에 그 선교사가 그 사건에 대하여 기도하고 있을 때, 예수의 말씀이 그의 마음속에 떠올랐다. "사람이 먼저 강한 자를 결박지 않고는 그 강한 자의 집에 들어가 세간을 늑탈치 못하리니 결박한 후에야 그 집을 늑탈하리라"(마가복음 3:27). 브라질 쪽의 "강한 자"는 결박되었고 반면에 우루과이 쪽의 "강한 자"는 여전히 능력을 행사하고 있는 것일까?[4]

어떤 지역에 그곳을 지배하는 영이 있다는 생각은 부족 사람들 사이에서는 일반적인 생각이다.

우리의 세계관은 영의 세계와 자연 세계를 분리시키는 경향을 낳았다. 그리고 그러한 세계관은 어떤 한 영이 그 지역에서 일어나는 문제들에 깊이 개입하여 그곳을 지배한다는 생각을 멀리한다. 그러나 하나님은 각 나라에 한 천사를 지정하신다는 것이 성경에 암시되어 있다.[5] 위조자인 사단은 하나님의 정부 형태와 유사하게 타락한 천사를 지정함으로써 단지 이 유형을 모방했다.

이러한 생각을 지지하는 내용이 신약 성경에는 별로 나타나지 않는 것 같아 보인다. 그러나 그것은 우리가 우리의 세계관에 근거하여 바라보았기 때문이다. 신약 성경에서 말하는 "정세와 권세"는 이러한 유형에 들어맞는 것으로 간주되는 것이 당연하다. 우리의 문화적 "안경"이 이것에 초점을 맞추지 못할 뿐이다.

어떠한 경우에도, 우리의 삶이나 사역의 초점을 지역 귀신들에게 맞출 수는 없다. 왜냐하면 성경에서 그들을 그런 식으로 처리하지 않기 때문이다. 그러나 이것이 참으로 적의 왕국 구조의 부분이라는 것을 이해할 때 우리가 어떻게 작전 계획을 세우며, 특히 어떻게 기도해야 하는지 깨닫게 된다.

전투로서의 기도

아르헨티나에서 일어나고 있는 놀라운 부흥 운동이 이것에 대한 실례가 된다. 「세계교회성장」이라는 정기 간행물에 글을 기고하고 있는 에드가르도 실보소(Edgardo Silvoso)는 그가 글을 쓰고 있을 당시에 아르헨티나에서는 매일 3천 명, 어쩌면 8천 명까지도 그리스도를 믿기로 결신하고 있다고 보고한다. 그곳의 전도 방법에 있어서 핵심 요소 중 하나는 기도다. 그들은 복음 전도자들을 지원하기 위한 기도조(組)를 조직했으며, 또 예배에 있어서도 기도가 큰 부분을 차지했다. 뿐만 아니라 전도집회를 시작하기 전에 최소한 한 사람의 지도자가 "그 특정한 '세상'의 어두움을 주관하는 '강한 자 혹은 왕'"을 결박하기 위해 금식과 기도로 며칠에서 2주까지를 보낸다.[6] 그리고 나서 주님께서 그 기도가 응답되었다는 확신을 주면 그는 설교를 시작한다. 결과는 자명하다. 이것은 고든이 말한 바, "중보 기도는 적의 우두머리에게서 승리를 거두는 것이다. 그리고 사역은 그 우두머리가 쫓겨난 후에 그 지역을 점령하는 것이다"[7]라는 사실의 극적인 예다.

아르헨티나에서의 전도사역이 성공할 수 있었던 이유를 여러 가지 면에서 찾을 수 있다. 그 중 사역자들이 영적 전투에 대한 모든 개념을 매우 심각한 태도로 받아들이는 것도 하나의 이유가 된다. 그들이 기도하는 방식에도 그 사실이 나타난다. 또 "의료소"를 설치하여 귀신들린 사람들을 도와주었던 것도 볼 수 있다. 많은 복음주의자들이 귀신들의 출현을 무시하고, 교령(交靈)자들과 대결하거나 그들을 위해서 사역하는 것을 피해 왔다. 그러나 그러한 대결이 있는 곳에서 하나님의 능력은 분명히 드러나며, 많은 사람들이 그에게로 인도된다.

실보소가 보고한 바에 따르면, 아르헨티나의 유명한 복음전도자 중의 한 사람인 카를로스 아나콘디아(Carlos Anacondia)가 코르도바 시에 갔을 때, 그 도시는 매우 세련되고 또 교육 중심지이기 때문에 그의 복음전도 방식이 받아들여지지 않을 것이라고 사람들이 말했다. 기도모임이 열렸고, 전도집회는 시작되었다. 두 달 후에 코르도바에서 5만 명이상의 결신자가 나왔다.[8]

"전투로서의 기도"에 걸려 있는 진짜 문제는 여전히 하나님의 영광이다. 대부분의 교회에서 드리는 기도에서, 그리고 나 자신의 기도에서 내가 발견하는 것은 그 기도들이 상대적으로 "작은" 기도라는 것이다. 우리는 일상적인 필요와 "몇 방울의 은혜"를 구한다. 그러나 좀처럼 모든 열방을 구하지는 않는다. 존 녹스(John Knox)와 같이 기도하는 사람은 많지 않다. "저에게 스코틀랜드를 주십시오. 그렇지 않으면 나는 죽습니다!" 우리가 이렇게 구하지 못하는 것은 여호와가 열방의 주님이시라는 믿음을 잃어버렸기 때문이 아닌가? 우리가 기도를 드리는 분에 대한 우리의 생각을 반영하는 것이 곧 기도가 아닌가? 우리가 잘 알고 있는 시를 보자.

그대 왕 앞에 나오는 자여,

큰 기원을 가지고 오라.

그의 은혜와 능력은 무한하시니

구하지 못할 것이 없네.

만일 우리가 하는 기도의 대부분이 정말로 하나님의 영광과 능력에 대한 우리의 생각을 반영하는 것이라면, 우리의 신학은 심각하게 정밀검사를 받아야 할 필요가 있다.

최종적으로 분석해 볼 때, 문제는 그 "열방들"에 지정된 귀신들이 있는가 없는가가 아니라, 우리의 하나님이 그 귀신들을 다루실 수 있을 만큼 크신 분인가 아닌가다. 교회 역사에 있어서 위대한 기도의 용사들이 한결같이 지역 영들에 대해 의식 있는 생각을 갖고 있었던 것은 아니다. 그러나 그들은 불신자들의 마음을 묶고 있는 그러한 영들의 능력을 쳐부수고, 영들에 의해 사로잡혀 있는 사람들을 자유케 하기 위하여 하나님의 마음을 움직였다.

폴 빌하이머(Paul Billheimer)는 가장 강력한 기도가 찬양이라고 말했는데, 그의 말이 옳은 듯하다. 그의 주장에 따르면, 찬양은 믿음을 키우는 가장 좋은 방법이다. 왜냐하면 찬양은 하나님의 성품에 초점을 맞추기 때문이다. 그리고 적을 궁극적으로 물리치는 것은 믿음이다.[9] 그래서 전투적인 기도는 궁극적으로는 소극적인 기도, 즉 지역 영들을 대항하는 기도가 아니다. 그것은 최고로 적극적인 기도, 즉 하나님의 주권적 능력, 그의 끝없는 사랑, 모든 적을 이기신 갈보리의 승리를 확인하는 형태의 기도다.

　　그러나 예수께서는 우리가 먼저 그 강한 자를 결박하지 않으면 "강한 자의 세간"을 늑탈할 수 없다고 가르치셨다(마태복음 12:29). 이 말씀은 개개인에 대한 사역을 두고 하신 말씀 같다. 그러나 종족 그룹에 대한 사역에 있어서도 그 원리는 똑같다. 어떤 사람은 이 결박의 문제를 그리스도인이 선포하는 단 한 마디의 권위 있는 명령 정도로 생각한다. 나는 결박은, 특히 지역 영들을 다루는 데 있어서는, 하나의 과정이라고 생각한다. 그러한 과정은 능력 있는 중보 기도, 즉 웨슬리 듀웰이 그의 책 「능력 있고 응답 받는 기도」(생명의말씀사 역간)[10]에서 묘사한 기도며, 토마스 화이트가 제2차 로잔대회에서 제출한 소논문에서 묘사한 기도다.

　　때때로 어떤 사람들은 결박에 대해 말할 때, 우리가 아무 지역이나 선택하여 그 지역을 지배하는 영들을 결박하면서 돌아다닐 수 있는 것처럼 말한다. 사실 그런 것은 아니다. 그러나 하나님께서 한 교회나 한 선교팀에게 어떤 특정한 지역에서 사역하도록 위임하셨을 때, 그 교회나 선교사들 그리고 그들과 함께 사역하는 기도팀은 중보 기도를 통해서 그 지역을 주장하는 모든 영에 대하여 우리 주님의 권세를 주장할 수 있다. 하나님은 여전히 열방의 하나님이시다. 그리고 그는 오늘날도 동일하게 최고의 능력으로 그 백성의 기도에 응답하고 계신다.

　　우리의 세계관은 영적 전투의 다른 영역에서처럼 여기서도 방해가 된다. 우리는 좋은 일이든 나쁜 일이든 세상에서 영들이 일들을 일으킨다고 단순하게 믿지 못한다.

　　때때로 사람들은 "나는 설교할 줄 몰라. 가르칠 줄도 몰라. 찬양도 잘 못해. 할 줄 아는 것은 기도밖에 없어"라고 말한다. 그것은 마치 군인이 "나는 기관총이나 박격포나 대포를 가지고 있지 않아. 내가 갖고 있는 것은 대륙간 탄도 미사일뿐이야"라고 말하는 것과 같다.

　　고든이 "기도는 숨어 있는 적을 향해 승리의 일격을 가하는 것이다. 그리고 사역은 사람들 가운데서 그 타격의 결실을 거두어들이는 것이다"라고 말한 것은 옳다. 많은 그리스도인이 활력 있는 기도 생활을 유지하지 못하여 낙심에 빠진다. 그리고 그 원인을 자기 자신에게 돌리며 훈련이 부족한 탓으로 생각한다. 물론 그렇기도 하다. 그러나 기도가 전투라는 것을 인식하지 못하는 것이 더 커다란 원인이다. 그것은 교회로 하여금 영적 전투에서 기도가 얼마나 결정적인 것인지 이해하지 못하게 하고, 그리하여 무력한 기도와 낙심을 불러일으키려는 사단의 전략이 성공을 거두고 있다는 증거가 된다. 진심으로 하는 중보 기도의 경우에는 더더욱 그렇다.

　　내가 다녔던 신학교의 설립자는 자주 이렇게 말했다. "기도는 일한다. 기도는 일이다. 기도는 일을 낳는다." 어떤 의미에서 기도는 일보다 더한 것이다. 기도는 전쟁이다. 전쟁 때 최전방으로 나가면서 총에 맞을 것을 예상하지 않는 사람은 없다. 나는 2차 세계대전 때 적의 포화가 떨어지는 최전선에 있었다. 그래서 많은 동료들이 다치고 죽는 것을 보았다. 전쟁은 장난도 아니고 놀이도 아니다. 마치 텔레비전을 끌 수

184

| 영적 전투 |

있는 것처럼 전쟁을 끝 수는 없다. 그래서 세상의 미전도 족속, 그리고 우리 나라와 이웃 나라 사람을 위한 중보 기도를 진지하게 하기 시작할 때, 우리는 전쟁의 최전선에서 적과 얼굴을 맞대고 있을 자신을 예상해야 한다.

누가복음 18장에서 예수께서는 제자들에게 "항상 기도하고 낙망치 말아야 될 것을"(1절) 비유를 들어 가르치셨다. 그것은 원수를 상대로 소송을 제기하기 위해서 재판관을 찾아간 과부에 관한 비유다. 그녀의 어투로 보아서, 그녀는 법적으로 옳은 쪽에 있었고 정의를 요구하고 있었다. 비록 재판관이 그녀를 무시하려고 했지만 그 끈질김으로 인하여 그녀는 정당성을 확보했다. 그런데 그 비유는 "그러나 인자가 올 때에 세상에서 믿음을 보겠느냐"(8절)라는 다소 이상한 질문으로 끝을 맺고 있다.

믿음은 그 비유에서 쟁점이 아니었던 것 같다. 과부의 끈질김이 쟁점이었다. 그런데 그 비유에서 종종 간과되는 인물은 원수다. 여기서 권장되는 믿음은 원수에 대하여 계속해서 끈질기게 대항하는 그러한 종류의 믿음이다. 이 모형에 근거하자면, 기도는 하나님의 뜻을 찾고 적을 끈덕지게 대항하는 것이 된다.

구약 성경에서 이에 해당되는 것은 다니엘서 10장에 나오는 다니엘의 기도다. 천사가 다니엘의 기도에 대한 응답을 가지고 와서 이렇게 말했다. "다니엘아 두려워하지 말라 네가 깨달으려 하여 네 하나님 앞에 스스로 겸비케 하기로 결심하던 첫날부터 네 말이 들으신 바 되었으므로 내가 네 말로 인하여 왔느니라 그런데 바사 국군이 이십일 동안 나를 막았으므로 내가 거기 바사국 왕들과 함께 머물러 있더니 군장 중 하나 미가엘이 와서 나를 도와주므로"(12, 13절). 앞의 비유에서 예수께서는 하나님이 택하신 자들의 원한을 "속히" 풀어주실 것이라고 말씀하셨다. 다니엘서에서 우리는 하나님이 다니엘이 기도하던 첫 번부터 그런 식으로 응답을 보내기 시작하셨다는 말을 듣는다. 그러나 영적 전투 때문에 다니엘의 응답은 지연되었다. 그래서 그는 21일 동안 금식하고 기도해야 했다. 예수께서는 다니엘이 했던 것과 같이, 기도 가운데 기꺼이 인내하는 그러한 믿음을 우리가 가지고 있는가 묻고 계신다. 그것이 바로 강한 자를 결박하고 하나님의 뜻이 행해지는 것을 보는 그러한 기도다.

이 모형에서, 기도는 단지 예수와 내가 친선 방문을 가지는 것이 아니다. 만일 기도가 그런 식으로 시작된다면, 그것은 곧 기도에 적을 개입시키는 것이다. 적은 그러한 방문이 적을 대항하는 하나님의 능력을 풀어놓는 지점까지 이르지 못하게 하고, 적으로부터 영토를 되찾는 지점까지 이르지 못하게 할 결의가 되어 있다. 사단은 기독교 공동체 안에서 머무르는 그런 종류의 기도에 대해서는 그다지 위협받지 않는다. 우리가 그를 사람들의 삶으로부터 쫓아내고 있지 않는 한, 그는 우리가 바라는 만큼 종교적이 되도록 우리를 내버려 둘 것이다. 그러나 만일 우리가 사역에의 부르심과, 특히 세계 복음화라는 우리에게 주어진 임무를 진지하게 받아들이기 시작한다면, 감히 말하건대 갑자기 모든 지옥을 풀어놓은

186

듯할 것이다.

이것이 바로 사람들이 내게 이렇게 말하는 이유다. "내가 육적인 그리스도인이었고 참으로 그리스도인의 삶을 살지 않았을 때는, 나는 이러한 문제들을 갖지 않았습니다. 이제 내 삶을 그리스도께 맡기고 더욱 열심히 사역하고 있는데, 내게는 문제가 끝이 없는 것 같습니다. 왜 그럴까요?" 나의 대답은 이렇다. "전투에 들어오신 것을 환영합니다."

그렇다. 기도는 참으로 적에 대하여 승리의 일격을 가하는 것이다. 그리고 우리는 우리에 대하여 날아오는 반격이 있을 것이라고 예상할 수 있다. 이 시점에서 우리는 기도가 영적 전투에 있어서 최우선이라는 것을 더욱 확신하는 쪽으로 나가야 한다. 우리는 인자가 오실 때 세상에서 믿음을 보실 수 있도록 해야 한다.

결론

사실은, 우리가 원하든 원하지 않든 우리는 영적 전투에 개입되어 있다. 우리는 이기거나 질 것이다. 중간은 없다. 나는 명예 제대를 하고 싶다고 여러 차례 주님께 말씀드렸다. 그러나 우리가 본향에 갈 때 그 소원이 이루어질 것이고, 아직은 그때가 이르지 않았다. 전쟁 중 군대에 있을 때, 나는 많은 사람이 어떻게 전쟁을 끝낼 수 있을까보다는 어떻게 하면 그곳에서 빠져나갈 수 있을까에 더욱 관심을 두는 것을 보았다. 앞에서 언급했듯이, 보급부대가 전쟁에 대하여 최전선에 있는 사람들과 같은 시각을 가지고 있지 않았기 때문에, 우리는 그때 탄약을 비롯해서 아무런 보급품도 가지지 못한 채 최전선에 앉아 있었다. 그것이 오늘날 교회의 모습이다.

그리스도의 교회가 영적 전투의 실상을 인식하고, 십자가를 통해서 우리가 사용할 수 있도록 주어진 그 비길 수 없는 능력을 인식하기를 바란다. 그리고 주님이 다시 오셔서 전쟁이 끝났음을 알려주실 때까지 그의 명령을 수행하기 위해서 그 능력을 사용해야 하는, 피할 수 없는 책임이 우리 모두에게 있다는 것을 기억하기 바란다.

토론 문제

1. 영적 전투를 수행해 나감에 있어서 기도는 얼마나 중요한가? 이에 대한 성경의 가르침이나 실례를 생각해 보라.

2. 바울이 에베소서 6장에서 정사와 권세에 대한 씨름에 관해서 말할 때, 그것이 특별히 기도와 관련해서 무엇을 의미한다고 이해하는가?

3. 경배와 찬양이 그토록 기도의 중요한 부분이 되는 이유는 무엇인가? 그리고 그것이 우리의 영적 적들에 대한 무기로 간주되는 이유는 무엇인가?

4. 기도의 용사로서 당신은 어떻게 더욱 능력 있는 기도를 할 수 있는가?

주

1장

1. *Attack from the Spirit World* (Wheaton, IL: Tyndale House, 1973), 203, 204쪽.

2. *International Review of Missions 49* (October 1960), 411-419쪽에 있는 Alan R. Tippett, "Probing Missionary Inadequacies at the Popular Level."

3. C. Peter Wagner, F. Douglas Pennoyer, *Wrestling with Dark Angels* (Ventura, CA: Regal, 1990), 129쪽.

4. Frank Gaebelein이 편집한 *The Expositor's Bible Commentary*, Volume 6, (Grand Rapids, MI: Zondervan/Regency Reference Library, 1986) 중 Geoffrey Grogan의 「이사야」 105쪽.

5. Lewis Sperry Chafer, *Satan: His Motive and Methods* (Grand Rapids, MI: Zondervan, 1919), 74쪽.

6. Grogan의 「이사야」 106쪽.

7. C. S. 루이스, 「스크루테이프의 편지」(홍성사 역간).

8. Marguerite Shuster, *Power, Pathology, Paradox* (Grand Rapids, MI: Zondervan/Academie Books, 1987), 156쪽.

2장

1. 제임스 사이어, 「기독교 세계관과 현대 사상」(한국 IVP 역간).

2. John W. Montgomery(편집), *Demon Possession* (Minneapolis: Bethany House, 1976), 215쪽.

3. *Let the Earth Hear His Voice* (Minneapolis: World Publications, 1975)에 실린 Alan R. Tippett, "Evangelization Among Animists", 167, 168쪽을 보라.

4. *Missiology 10* (January 1982), 35-47쪽에 실린 Paul Hiebert, "The Flaw of the Excluded Middle."

5. 4번과 동일.

6. Lessile Newbigin, *Honest Religion for Secular Man* (London: SCM Press, 1986).

3장

1. G. Ernest Wright, *The God Who Acts* (Chicago: H. Regnery, 1952).

2. James Kallas, *The Significance of the Synoptic Gospel* (Greenwich, CT: Seabury Press,1961).

3. 닐 앤더슨, 「이제 자유입니다」(죠이선교회 역간).

4장

1. *Life* (February 2, 1948)에 실린 Whittaker Chambers, "The Devil"

84, 85쪽.

2. C. S. 루이스, 「스크루테이프의 편지」(홍성사 역간).

3. 저자 미상.

5장

1. Donald Jacobs, *Demons* (Scottsdale, PA: Herald Press, 1972), 34쪽.

2. John W. Montgomery(편집), *Demon Possession* (Minneapolis: Bethany House, 1976), 335쪽.

3. 2번과 동일.

6장

1. *Demon Experiences in Many Lands* (Chicago: Moody Press, 1960), 37-40쪽.

2. John Macmillan, *The Authority of the Believer* (Harriburg, PA: Christian Publications, 1980).

7장

1. Wilbur N. Pickering, "Spiritual Warfare" (미출간 원고, 1987), 3쪽.

2. John Eccles, *The Neurophysiolgical Basis of the Mind* (Oxford, 1953).

3. Rosalind Goforth, *Goforth of China* (Grand Rapids, MI: Zondervan,

1937), 87, 88쪽.

8장

1. *Victory over the Powers of Darkness* (Goldentod, FL: World-wide Keswick, n.d.).
2. W. L. McLeod, *Fellowship with the Fallen* (Prince Albert, SK: Northern Canada Mission Press, n.d.). 84쪽.

9장

1. John W. Montgomery(편집), *Demon Possession* (Minneapolis: Bethany House, 1976), 337쪽.
2. Clifton, Alama McElheran, *Let the Oppressed Go Free* (Calgary, AB: published by the author, 1984), 17, 18쪽.
3. Workshop on Protection (Houston, TX: Calvary Baptist Church [6511 Uvalde,77049]) 시리즈에 있는 오디오 테이프 Leroy Smith, "Effectively Resisting Satan."
4. C. 프레드 딕카슨, 「그리스도인도 귀신들릴 수 있는가?」(요단 역간).

10장

1. Alan R. Tippett, *Verdict Theology in Missionary Theory* (Lincoln, IL: Lincoln Christian College Press, 1969), 88쪽.

2. Alan R. Tippett, *People Movements in Southern Polynesia* (Chicago: Moody Press,1971), 169쪽.

11장

1. F. Van der Meer, *Augustine the Bishop* (New York: Harper and Row, 1965), 364쪽: E. C. Whittaker, *The Baptismal Liturgy* (London: SPCK, 1981), 17, 36, 37쪽.

2. Alan R. Tippett, *People Movements in Southern Polynesia* (Chicago: Moody Press,1971), 19쪽.

3. *Chinese Around the World* (August 1983), 16쪽.

4. C. Peter Wagner, *On the Crest of the Wave* (Ventura, CA: Regal Books, 1983), 136쪽.

5. 데이빗 씨맨즈, 「상한 감정과 억압된 기억의 치유」(죠이선교회 역간).

6. 쿠르트 코흐, 「타오르는 부흥의 불길」(생명의말씀사 역간).

7. James Paton, *The Story of John G. Paton* (New York: American Tract Society, 1909), 125, 126쪽.

8. *Evangelical Missions Quarterly 22* (January 1986)에 실린 Loren Entz, "Challenge to Abou's Jesus", 49쪽.

9. Robert Peterson, *Are Demons for Real?* (Chicago: Moody Press, 1972), 8쪽.

10. 9번과 동일.

11. 9번과 동일, 8, 9쪽.

12장

1. Paul Billheimer, *Destined for the Throne* (Fort Washington, PA: Christian Literature Crusade, 1975), 18쪽.

2. S. D. Gordon, *Quiet Talks on Prayer* (Grand Rapids, MI: Baker, 1980), 19쪽. 이 책의 제목은 그 안에 담겨 있는 강력한 진리를 나타내지 않는다.

3. *Attack from Spirit World* (Chicago: Moody Press, 1973), 127, 128쪽.

4. *Ministries Today* (November-December 1986)에 실린 C. Peter Wagner, "The Key to Victory Is Binding the 'Strong Man'", 84쪽.

5. *Evangelical Missions Quarterly 25* (July 1989)에 실린 C. Peter Wagner, "Territorial Spirits and World Missions" 278, 288쪽을 보라. 그리고 1990년 7월 11일에서 20일까지 마닐라에서 개최되었던 제2회 로잔 세계 복음화 대회에서 제출된 소논문 Thomas White, "A Model for Discovering, Penetrating and Overcoming Ruling Principalities and Powers"를 보라.

6. *Global Church Growth 24* (July-September 1987)에 실린 Edgardo Silvoso, "Prayer Power: The Turnaround in Argentina", 5쪽.

7. Gordon, *Quiet Talks on Prayer*, 17쪽.

8. 1990년 7월 11-20일 제2차 로잔 세계 복음화 대회에서 제출된 소논문

Edgardo Silvoso, "Spiritual Warfare in Argentina and the 'Plan Resistencia'."

9. Billheimer, *Destined for the Throne*, 126쪽.

10. 웨슬리 듀웰, 「능력 있고 응답 받는 기도」(생명의말씀사 역간), 존 도우슨, 「하나님을 위하여 도시를 점령하라」(예수전도단 역간).

참고 문헌

Anderson, Neil. *Victory over the Darkness* (Ventura, CA: Regal, 1990),「내가 누구인지 이제 알았습니다」(죠이선교회 역간).

___ . *The Bondage Breaker* (Eugene, OR: Harvest House, 1990),「이제 자유입니다」(죠이선교회 역간).

Attack from the Spirit World (Wheaton, IL: Tyndale House, 1973).

Billheimer, Paul. *Destined for the Throne* (Ft. Washington, PA: Christian Literature Crusade, 1975).

Bubeck, Mark Ⅰ. *The Adversary* (Chicago: Moody Press, 1974),「사단을 대적하라」(생명의말씀사 역간)

___ . *Overcoming the Adversary* (Chicago: Moody Press, 1984).

Chafer, Lewis Sperry. *Satan: His Motive and Methods* (Grand Rapids, MI: Zondervan, 1919).

Chambers, Whittaker. "The Devil" in *Life* (February 2, 1948), 84, 85쪽.

Chinese Around the World (August 1983), 16쪽.

Dawson, John. *Taking Our Cities for God: How to Break Spiritual Strongholds* (Lake Mary, FL: Creation House. 1989),「하나님을 위하여 도시를 점령하라」(예수전도단 역간).

Demon Experiences in Many Lands (Chicago: Moody Press, 1960).

Dickason, C. Fred. *Angels: Elect and Evil* (Chicago: Moody Press, 1975).

___. *Demon Possession and the Christian* (Westchester, IL: Crossway Books, 1989 - Original edition Chicago: Moody Press, 1987), 「그리스도인도 귀신들릴 수 있는가?」(요단 역간).

Duewel, Wesley L. Mighty. *Prevailing Prayer* (Grand Rapids, MI: Zondervan/Francis Asbury, 1990). 「능력 있고 응답 받는 기도」(생명의말씀사 역간).

Entz, Loren. "Challenges to Abou's Jesus" in *Evangelical Missions Quarterly 22* (January1986), 46-50쪽.

Goforth, Rosalind. *Goforth of China* (Grand Rapids, MI: Zondervan, 1937).

Gordon, S. D. *Quiet Talks on Prayer* (Grand Rapids, MI: Baker, 1980/Original edition Old Tappan, NJ: Revell, 1904).

Graham, Billy. *Angels: God's Secret Agents* (Garden City, NY: Doubleday, 1975).

Grogan, Geoffrey. "Isaiah" *in The Exposition's Bible Commentary*, Volume 6, Frank Gaebelein 편집. (Grand Rapids, MI: Zondervan /Regency Reference Library, 1986).

Henry, Rodney. *The Filipino Spirit World* (Manila: OMF Publication, 1986).

Hiebert, Paul. "The Flaw of the Excluded Middle" in *Missiology 10* (January 1982), 35, 47쪽.

Jacobs, Donald. *Demons* (Scottsdale PA: Herald Press, 1972).

Kallas, James. *The Significance of the Synoptic Miracles* (Greenwich, CT: Seabury Press, 1961).

Koch, Kurt. *Revival in Indonesia* (Grand Rapids, MI: Kregel, 1972). 「타오르는 부흥의 불길」(생명의말씀사 역간).

Kraft, Chales. *Christianity with Power: Your Worldview and Your Experience of the Supernatural* (Ann Arbor, MI: Servant, 1989), 「능력 그리스도교」(나단 역간).

Lewis, C. S. *The Screwtape Letters* (New York: Macmillan, 1961). 「스크루테이프의 편지」(홍성사 역간).

McElheran, Clifton and Alma. *Let the Oppressed Go Free.* Published by the authors (3805 Marlborough Drive N.E., G204, Calgary, AB T2A 5M7, Canada, 1984).

McLeod, W. L. *Fellowship with the Fallen* (Prince Albert, SK: Northern Canada Mission Press, 1984).

MacMillan, John. *The Authority of the Believer* (Harrisburg, PA: Christian Publications, 1980).

Montgomery, John W. 편집. *Demon Possession* (Minneapolis: Bethany House, 1976).

Newbigin, Lesslie. *Honest Religion for Secular Man* (London: SCM Press, 1986).

Newport, John P. "Satan and Demons : A Theological Perspective" in J. W. Montgomery 편집. *Demon Possession* (Minneapolis: Bethany House, 1976).

Paton, James. *The Story of John G. Paton* (New York: American Tract Society,1909).

Penn-Lewis, Jessie. *War on the Saints* (unabridged edition, New York: Thomas E. Lowe, 1905).

Peterson, Robert. *Are Demons for Real?* (Chicago: Moody Press, 1972 - Originally published as Roaring Lion. London: OMF Books, 1968).

Peretti, Frank E. *This Present Darkness* (Westchester, IL: Crossway Books, 1986). 「어둠의 권세들」(예찬사 역간).

___. *Piercing the Darkness* (Westchester, IL: Crossway Books, 1989). 「보이지 않는 전쟁」(요단 역간).

Pickering, Wilbur N. "Spiritual Warfare", 미출간 원고, 1987.

Seamands, David. *Healing of Memories* (Wheaton, IL: Victor Books, 1985). 「상한 감정과 억압된 기억의 치유」(죠이선교회 역간).

Shuster, Marguerite. *Power, Pathology, Paradox* (Grand Rapids, MI: Zondervan/Academie Books, 1987).

Silvoso, Edgardo. "Prayer Power: The Turnaround in Argentina" in

Church Global Growth 24 (July-September 1987), 4, 5쪽.

___. "Spiritual Warfare in Argentina and the 'Plan Resistencia'" 1989년 7월 11-20일 필리핀 마닐라에서 개최된 제2차 로잔 세계 복음화 대회의 "영적 전투" 분과에서 제출된 소논문.

Tippett, Alan R. "Probing Missionary Inadequacies at the Popular Level" in *International Review of Missions 49* (October 1960), 411-419쪽.

___. *Verdict Theology in Missionary Theory* (Lincoln, IL: Lincoln Christian College Press, 1969).

___. *People Movements in Southern Polynesia* (Chicago: Moody Press, 1971).

___. "Evangelization Among Animits" in *Let the Earth Hear His Voice* (Minneapolis: Worldwide Publications, 1975).

Van der Meer, F. *Augustine The Bishop* (New York: Harper and Row, 1965).

Victory over the Powers of Darkness (Goldenrod, FL: Worldwide Keswick, n.d.)

Wagner, C. Peter. *On the Crest of the Wave* (Ventura, CA: Regal, 1983).

___. "The Key to Victory is Binding the 'Strong Man'" in *Ministries Today* (November-December 1986), 84쪽.

___. "Territorial Spirits and World Missions" in *Evangelical Missions*

Quarterly 25 (July 1980), 278-288쪽.

___ . and Pennoyer, F. Douglas, 편집. *Wrestling with the Dark Angels* (Ventura, CA: Regal, 1990).

Whittaker, E. C. *The Baptismal Liturgy* (London: SPCK, 1981).

White, Thomas B. "A Model for Discovering, Penetrating and Overcoming Ruling Principalities and Powers." (Covallis, OR: Frontline Ministries, 1989). 1989년 7월 11-20일 필리핀 마닐라에서 개최된 제2차 로잔 세계 복음화 대회의 "영적 전투" 분과에 제출된 소논문.

___ . *The Believer's Guide to Spiritual Warfare* (Ann Arbor, MI: Vine/Servant Publications, 1990).

Wimber, John. *Power Evangelism* (San Francisco: Harper and Row, 1986). 「능력 전도」(나단 역간).

Wright, G. Ernest. *The God Who Acts* (Chicago: H. Regnery, 1952).

옮긴이 소개

안점식

1962년 부산에서 출생하여 서울대학교 철학과를 졸업하고 동 대학원에서 동양철학을 전공하였다. 대학시절 동서양의 철학, 종교 사상을 탐구하다가 예수 그리스도를 만나 참된 안식을 얻게 되었다. 그 후 한국선교훈련원(GMTC)과 합동신학대학원을 졸업하였으며 미국 트리니티 신학교(TEDS)에서 선교학으로 철학박사 학위를 받았다. 한국선교훈련원에서 선교사 훈련 사역을 했고 지금은 아세아연합신학대학교에서 선교학 교수 사역을 하고 있다.

저서로는 「세계관과 영적 전쟁」, 「세계관을 분별하라」, 「세계관 종교 문화」, 「복음과 세계 종교」 (이상 죠이선교회)가 있다.

영적 전투

초판 발행   1993년 9월 30일
2판 17쇄   2023년 9월 20일
지은이   티모시 워너
옮긴이   안점식
발행인   손창남
발행처   (주)죠이북스(등록 2022. 12. 27. 제2022-000070호)
주소   02576 서울시 동대문구 왕산로19바길 33, 1층
전화   (02) 925-0451(대표 전화)
             (02) 929-3655(영업팀)
팩스   (02) 923-3016
인쇄소   (주)주손디앤피
판권소유   ⓒ(주)죠이북스
ISBN   979-11-983839-8-3 03230